LETTRES
DE VOYAGE

—

FRANCE — ITALIE — SICILE — MALTE
TUNISIE — ALGÉRIE — ESPAGNE

PAR

H. BEAUGRAND

MONTRÉAL
DES PRESSES DE *LA PATRIE*
1889

PRÉFACE

—

Les pages qui suivent sont une reproduction textuelle des *Lettres de voyage* que j'ai adressées au journal *La Patrie*, depuis le mois d'octobre 1888 jusqu'au mois d'avril 1889. Elles forment un itinéraire plus ou moins régulier, d'un voyage de six mois que j'ai fait en France, en Italie, en Sicile, à Malte, en Tunisie, en Algérie et en Espagne ; non pas un voyage d'études et d'observations, mais un simple congé de repos et d'agrément. C'est assez dire que je n'ai pas eu la prétention d'écrire des lettres critiques, travaillées ou même suivies sur une foule de choses intéressantes que je n'ai pu observer que bien superficiellement, en filant à toute vapeur, dans les pays du midi de l'Europe et dans les provinces du nord de l'Afrique. J'ai simplement écrit à loisir et à bâtons rompus, sans système préconçu, lorsque les circonstances me le permettaient. J'ai raconté un peu ce que j'ai vu et j'ai beaucoup emprunté aux écrivains qui ont publié des études sur les pays que j'ai visités. J'ai consulté tous les *guides* qui me sont tombés sous la main, mais je me suis toujours efforcé de rester dans les limites de la plus stricte vérité; me bornant souvent à faire une simple nomenclature des choses intéressantes que je voyais, sans me permettre la moindre appréciation, de peur de juger mal ou légèrement. Ce sont donc de simples notes de voyage, rédigées à la hâte, que j'envoyais à *La Patrie*, et je désire que ces *Lettres* soient jugées comme telles.

Il faut dire que le mauvais état de ma santé m'aurait, d'ailleurs, empêché de me livrer à un travail sérieux, même si j'en avais eu l'intention.

Maintenant, pourquoi, me dira-t-on, publier ces *Lettres* de nouveau, puisqu'elles doivent être considérées comme ayant le caractère de simples correspondances de journal?

Plusieurs abonnés de *La Patrie* m'ont demandé la chose, et un grand nombre ont même souscrit d'avance à la publication ; et cela, spontanément, sur la simple lecture d'un paragraphe annonçant mon intention de réunir mes correspondances en volume.

Avec ces quelques explications, je livre mes *Lettres de voyage* à l'indulgence de ceux qui auront la curiosité de les lire, ou la patience de les relire.

LETTRES DE VOYAGE

PREMIÈRE LETTRE

A bord du paquebot "La Bourgogne"
Le Havre, 28 oct. 1888.

Une première lettre ne saurait être autre chose qu'une redite de ce que tous les voyageurs allant en Europe ont écrit avant moi ; aussi ferai-je grâce aux lecteurs de *La Patrie*, du récit de notre départ de Montréal, de notre embarquement à New-York et de notre installation à bord du superbe paquebot *La Bourgogne*, de la Compagnie Générale Transatlantique. Nous sommes 160 passagers de première classe : nombre fort considérable à cette saison, alors que les touristes reviennent plutôt d'Europe qu'ils ne s'y rendent. Il suffit cependant de faire une traversée sur l'un des grands paquebots de la ligne française pour comprendre et pour apprécier la popularité dont elle jouit auprès du public voyageur américain.

Nous allons, si vous le voulez bien, causer un peu du steamer sur lequel nous sommes en train de traverser l'Atlantique. La *Bourgogne* est un navire de 7,200 tonneaux, avec une force de 8,000 chevaux-vapeur et une vitesse moyenne de 18 nœuds marins à l'heure. Elle est de construction française, comme le sont d'ailleurs les trois autres grands paquebots du même modèle, qui font le service hebdomadaire entre New-York et le Hâvre : la *Champagne*, la *Gascogne* et la *Bretagne*. Comme architecture navale, comme vitesse, comme commodités d'aménagement, ce sont sans contredit les plus beaux navires qui fassent le service de l'Atlantique. Comme nourriture, service et confortable sous tous les rapports, la réputation de la compagnie est établie depuis longtemps, et je n'en parle ici que pour la forme. Il n'y a pas d'hôtel au monde où l'on puisse faire mieux, plus proprement et plus promptement. Et je considère comme un devoir de le répéter à ceux qui se permettent de douter que la marine française et les marins français soient capables de faire concurrence au monde entier. Il est probablement vrai que les compagnies françaises sont moins nombreuses que les compagnies anglaises, mais pour vous donner une idée de ce que sont quelques-unes des premières, laissez-moi par exemple, vous dire un mot des services que fait la Compagnie Générale Transatlantique et du nombre des navires qu'elle possède. C'est une nomenclature un peu longue, mais il n'y a pas un Canadien sur mille qui connaisse l'importance de cette compagnie, et je suis certain que je vais étonner et intéresser les lecteurs de *La Patrie* en leur donnant ces détails.

Voici une liste complète de la flotte :

LIGNE DE L'ATLANTIQUE

	Tonn.	Chev.
La Champagne	7,200	8,000
La Bretagne	7,200	8,000
La Bourgogne	7,200	8,000
La Gascogne	7,200	8,000
La Normandie	6,300	7,000
Amérique	4,700	3,300
France	4,700	3,300
Labrador	4,700	3,300

	Tonn.	Chev.
Canada	4,200	3,300
Saint-Laurent	4,200	3,300
Saint-Germain	3,700	3,200
Lafayette	3,600	3,200
Washington	3,600	3,200
Olinde-Rodrigues	3,200	1,800
Saint-Simon	3,200	1,800
Ferdinand de Lesseps	2,900	1,700
Ville-de-Marseilles	2,900	1,700
Colombie	2,900	1,900
Ville-de-Bordeaux	2,800	2,700
Ville-de-St-Nazaire	2,800	2,700
Vénézuéla	950	650
Colombia	850	500

EN CONSTRUCTION

La Touraine	9,000	12,000

LIGNES DE LA MÉDITERRANÉE

Eugène Péreire	2,000	3,000
Ville-de-Brest	2,800	2,700
Ville-de-Tunis	1,850	2,000
Moïse	1,850	2,000
Saint-Augustin	1,850	2,000
Isaac Péreire	1,850	2,000
Abd-el-Kader	1,850	2,000
Charles-Quint	1,950	2,000

	Tonn.	Chev.
Ville-de-Madrid	1,850	2,000
Ville-de-Barcelone	1,850	2,000
Ville-d'Oran	1,850	2,000
Ville-de-Bone	1,850	2,000
Ville-de-Naples	1,850	2,000
Ville-de-Rome	1,850	2,000
Kléber	1,850	2,000
Guadeloupe	1,800	1,400
Martinique	1,800	1,000
Désirade	1,450	1,000
Afrique	1,250	1,150
Ajaccio	1,250	1,150
Bastia	1,250	1,150
Corse	1,250	1,150
Lou-Cettori	1,250	1,150
Maréchal-Canrobert	1,250	1,150
Malvina	1,250	1,150
Manoubia	1,000	750
Ville-de-Tanger	1,000	750
Salvador	1,000	700
Saint-Domingue	1,000	700

SERVICES CÔTIERS

	Tonn.	Chev.
Le Morbihan	1,000	900
La Vendée	1,000	900
Alice	950	400
Dragut	575	600

	Tonn.	Chev.
Mustapha-ben-Ismaïl	575	600
La Valette	575	600

STEAMERS-TRANSPORTS

	Tonn.	Chev.
Alexandre-Bixio	2,250	1,100
Flachat	2,250	1,100
Le Châtelier	2,250	1,100
Fournel	2,100	1,300

REMORQUEURS

	Tonn.	Chev.
République	275	500
Belle-Isle	175	300

Soit : 64 paquebots de toutes les dimensions faisant le service de New-York et de tous les ports des Antilles et du littoral du golfe du Mexique, de tous les ports français, espagnols, algériens et tunisiens de la Méditerranée, et enfin le service côtier du nord et de l'ouest de la France en touchant en Angleterre et en Espagne.

Nous ne croyons pas qu'il y ait au monde une compagnie maritime plus importante, et ce n'est pas la seule compagnie française qui lutte avec avantage, dans toutes les mers du monde, avec les paquebots des autres nations.

Mais revenons encore un moment à la *Bourgogne* pour vous dire que ce superbe navire a une longeur totale de 508 pieds 6 pouces, une largeur de 52 pieds 2 pouces et une profondeur de 38 pieds 4 pouces. Ses cabines de 1ère classe peuvent loger 329 passagers, et elle peut en outre transporter, coucher et nourrir 60 passagers de deuxième et 900 passagers d'entrepont ; soit 1289 passagers de toutes classes, sans compter l'équipage. Le grand salon, la salle de musique, le fumoir sont des modèles d'élégance et le grand pont de promenade pour les passagers de première, n'a pas moins de 492 pieds de longueur. Ce steamer a couté $1,775,000, en chiffres ronds. Ajoutez à tout cela, un commandant, le capitaine Frangeul, d'une grande expérience et d'une courtoisie sans bornes, et des officiers qui luttent tous d'attention et de prévenance pour les voyageurs, et vous vous formerez une assez bonne idée du service de la Compagnie Générale Transatlantique.

On rencontre à bord tout un monde cosmopolite, mais on remarque que les Français, les Américains et les Espagnols prédominent sur les autres nationalités. Au point de vue des langues, on est en pleine tour de Babel et il faut toujours parler, comme si l'on devait être compris de tout le monde, car il y a un grand nombre de passagers qui parlent couramment l'anglais, le français, l'italien, l'espagnol et l'allemand.

En fumant un soir sur le gaillard d'arrière, j'ai fait la connaissance d'un brave homme qui m'a vivement intéressé en me racontant les péripéties de la terrible catastrophe qui est arrivée au brigantin français le *Médelin*, sur les bancs de Terreneuve, dans la nuit du 4 au 5 octobre courant. Le *Médelin* venait de terminer sa campagne de pêche et se préparait à rentrer en France avec une cargaison complète de morue, lorsqu'il a été coulé bas par le steamer anglais *Queen* de la ligne *National*.

Le grand steamer, courant à toute vitesse, frappa le brick français en plein milieu et le coupa en deux. Sur vingt-cinq hommes d'équipage, quatre seulement furent sauvés et c'est un des quatre survivants qui me raconta la chose, des larmes dans la voix. On comprend facilement ce qu'il y a de navrant et de terrible dans le désastre arrivé à ces pauvres marins, juste au moment où ils faisaient voile pour la France, après une campagne commencée sous d'heureux auspices. Combien de mères et d'enfants, d'épouses et de sœurs éplorées attendent en vain le retour du pêcheur qui devait ramener l'aisance et le bien-être au foyer !

Nous entrons dans la Manche après avoir fait une traversée superbe pour la saison, car nous n'avons eu que deux jours de gros temps ; ce qui ne nous a pas empêché d'arriver au Hâvre le dimanche dans la matinée, comme d'habitude, sans incidents remarquables et surtout sans accidents.

DEUXIÈME LETTRE

Hôtel Continental
Paris, 2 nov. 1888.

J'arrive à Paris en pleine excitation boulangiste et tous les journaux s'occupent du grand banquet offert au général à la salle Lowendahl et du mariage de sa fille Marcelle avec le capitaine Driant, du 4e zouaves. On ne parle que du général, et le gouvernement semble s'occuper de lui avec une sollicitude toute paternelle. La police a même trouvé moyen de s'occuper du mariage et tout s'est terminé, comme on s'y attendait d'ailleurs, par une immense manifestation en faveur de l'ancien ministre de la guerre. Le *Figaro* juge ainsi la situation :

"Nous ne savons pas quel est le sort qui est réservé au général Boulanger, mais le député des trois départements serait bien difficile s'il ne considérait pas la journée de mardi comme une apothéose."

Je ne prétends pas juger ici qui a tort ou raison dans toute cette affaire, mais il est indiscutable que la popularité du général Boulanger grandit chaque jour et qu'il est difficile de prévoir comment tout cela pourrait bien finir. En attendant, on annonce que M. Farcy, député de la Seine, aurait l'intention de donner sa démission de député pour permettre au général Boulanger de se présenter à Paris.

J'ai eu le plaisir, en débarquant au Hâvre de trouver une dépêche de M. Léon Meunier, ancien rédacteur en chef du *Courrier des Etats-Unis* de New-York, qui habite maintenant Paris, m'invitant à assister au banquet annuel donné par l'Union Franco-Américaine pour célébrer l'anniversaire de l'inauguration de la statue de la liberté à New-York. Le banquet a eu un grand succès. Environ cent convives y ont pris part.

L'amiral Jaurès, sénateur, présidait, ayant à sa droite M. Goblet, ministre des affaires étrangères et à sa gauche, M. Poubelle, préfet de la Seine. En face du président, avaient pris place M. MacLane, ministre des Etats-Unis, ayant pour voisins M. Darlot, président du conseil municipal, et M. Georges Berger, directeur de l'exploitation de l'Exposition universelle de 1889.

On remarquait parmi les convives la présence de MM. Maze, Rousselle, sénateurs; Poubelle, préfet de la Seine ; Claverie, directeur au ministère des affaires étrangères; Robert, chef du cabinet du ministre des affaires étrangères; Vignaud, premier secrétaire de la légation des Etats-Unis ; Chabrié, administrateur général délégué de la Compagnie Transatlantique ; Visinet, agent de la Compagnie des chemins de fer de l'Ouest en Angleterre; Léon Meunier, notre confrère du *Courrier des Etats-Unis*, organisateur du banquet ; Bartholdi, Herbette, et une foule d'autres notabilités politiques et littéraires.

Au dessert, M. Jaurès s'est levé le premier, et a exprimé tous les regrets de M. de Lesseps, qui devait présider, et qui, absent en ce moment de Paris, n'a pu, à son grand regret, assister au banquet.

C'est M. Goblet qui a parlé après le président. Portant d'abord la santé de M. Cleveland, président des Etats-Unis, M. le ministre des affaires étrangères ajoute : "On dit que la France est isolée parmi les nations ; la réunion d'aujourd'hui prouve le contraire : la France a des amis dans les deux mondes, et elle en a qui se souviennent encore, après un siècle, de l'aide qu'elle leur a donnée pour conquérir leur indépendance."

M. Goblet dit encore que l'Amérique sera largement représentée à l'Exposition de 1889, car son industrie ne craint pas d'être jugée.

M. MacLane a répondu à M. Goblet, par un discours empreint du plus pur sentiment de sympathie pour la France et il a terminé en disant qu'il s'arrêtait, craignant de dire trop d'amabilités à la France, ce qu'un ambassadeur ne peut jamais faire sans danger.

M. MacLane boit au président de la République Française, M. Carnot.

Plusieurs autres discours sont prononcés et il faut assister à ces fêtes pour se former une idée de la sympathie et de l'entente amicale qui existent entre les gouvernements de France et des États-Unis. L'influence américaine se fait sentir d'ailleurs dans les cercles diplomatiques européens et le consul général américain à Paris, sur l'invitation du secrétaire d'État des États-Unis, a convoqué tous ses collègues de France à une réunion qui se tiendra le 15 novembre à Paris, et dans laquelle,—fait digne d'être relevé et imité,—seront discutées toutes les questions qui intéressent les fonctions consulaires.

Le service géographique de l'armée française, dirigé actuellement par le colonel Derrecagaix, successeur du général Perrier, exécute en ce moment, de concert avec l'observatoire royal de Greenwich, une opération astronomique de haute précision des plus intéressantes.

Il s'agit de mesurer à nouveau la différence de longitude entre Paris et Greenwich en appliquant les nouvelles méthodes d'enregistrement des passages d'étoiles par l'électricité.

Les commandants Bassot et Deforges, collaborateurs du général Perrier et continuateurs de son œuvre, représentent la France dans cette opération, tandis que MM. Turner et Lewis, astronomes, sont délégués par l'Angleterre.

Ce travail servira, paraît-il, de vérification à la mesure de la nouvelle méridienne de France entreprise par le général Perrier en 1870 et terminée cette année, ainsi qu'il en a été rendu compte, par le commandant Bassot au Congrès international géodésique de Salzbourg, en septembre dernier.

J'ai eu l'honneur de rencontrer hier, à dîner, chez M. Herbette, le grand astronome français, M. Jannsen, qui m'a longuement causé de ses travaux et qui, malgré son grand âge, prétend qu'il ne mourra pas sans aller visiter le Canada, cette France d'outremer que tous les Français aiment tant.

Mercredi matin a eu lieu l'exécution de Mathelin, condamné à mort le 8 septembre dernier par la cour d'assises de la Seine pour avoir assassiné au mois de mars, à Esbly, M. Cudin, surveillant du balayage municipal.

On avait pensé il y a deux mois que l'exécution de Mathelin n'aurait pas lieu. Le malheureux, en effet, était atteint de phtisie et paraissait devoir succomber rapidement. Mais bientôt on constata que le condamné exagérait beaucoup son état dans l'espoir d'obtenir une commutation de peine.

Tout s'est passé dans l'ordre ordinaire et j'ai refusé un permis spécial que l'on m'avait offert pour assister à l'exécution. J'ai déjà vu guillotiner un homme en 1867, et j'en ai eu assez de ce spectacle sanglant. Le corps de Mathelin a été transporté aussitôt après l'exécution, à l'Ecole de médecine, où quelques expériences ont eu lieu. La tête portait deux ecchymoses profondes. Il est probable qu'au moment où il a été renversé sur la bascule sa tête a heurté la partie inférieure de la lunette de la guillotine.

La peau de Mathelin était couverte de tatouages. Au bras droit, on remarquait un artilleur à cheval, au-dessus d'une trophée fait avec deux canons en croix, comme il y en avait autrefois sur les gibernes. Au bras gauche, une série de femmes à chignons très hauts. L'une d'elle manie un éventail. L'autopsie a fait reconnaître, dans le poumon, les tubercules de la phtisie dont souffrait Mathelin.

La journée d'hier, la Toussaint, a vu comme chaque année, les cimetières parisiens s'emplir de visiteurs. Rarement, le ciel s'est montré plus maussade et mieux en harmonie avec la funèbre solennité du premier novembre. La journée s'est passée sans soleil, presque sans lumière, dans une pluie lugubre qui semblait bien faite pour assombrir encore le tableau des pèlerinages annuels.

Le chiffre des entrées dans les cimetières de Paris et de la banlieue qui, l'année dernière, était de 350,000, est tombé hier à 188,000 environ.

Voici, pour chaque nécropole, le nombre des visiteurs :

35,000 personnes se sont rendues au Père-Lachaise ; 13,750 au cimetière du Nord ; 20,000 à Montparnasse ; 18,990 au cimetière de Saint-Ouen (nouveau), vulgairement appelé Cayenne ; 24,240 au cimetière d'Ivry-Parisien.

Pour les autres nécropoles, le nombre des entrées se décompose ainsi : Ivry-Parisien (ancien), 10,110 ; Bagneux-Parisien, 18,500 ; Pantin-Parisien 22,500 ; Clichy-Batignolles, 10,000 ; Bercy, 644 ; Grenelle, 310 ; Vaugirard, 1,300 ; Passy, 1,570 ; Auteuil, 550 ; Montmartre (rue Saint-Vincent), 500 ; Montmartre (Saint-Pierre), 450 ; La Chapelle, 3,000 ; La Villette, 1,200 ; Charonne, 120 ; Belleville, 2,300 ; Saint-Ouen (ancien), 2,950.

Le terrible accident arrivé près de Taranowka au train dans lequel se trouvaient l'empereur et l'impératrice de Russie a causé dans toutes les capitales de l'Europe une très vive émotion. Pour ne parler que de Paris, le président de la République a adressé hier au tzar un télégramme de félicitations à l'occasion du danger qu'il a couru ; à l'Hôtel Continental de nombreux visiteurs sont venus offrir leurs compliments au grand-duc Alexis ; à l'ambassade de Russie il y a eu une véritable avalanche de cartes et de lettres des principaux personnages politiques : le président du conseil, le président de la chambre, le général, etc. A midi, à l'église russe de la rue Daru, on a célébré une messe d'actions de grâces pour la préservation de l'empereur et de l'impératrice.

Enfin, le gouvernement français a chargé M. de Laboulaye, son ambassadeur, d'exprimer ses félicitations au gouvernement du tzar.

TROISIÈME LETTRE

—

Paris, 9 nov. 1888.

Rien ne frappe plus vivement l'étranger qui visite Paris, que l'extrême propreté des rues, des avenues et des boulevards de la grande capitale. Même à cette époque de l'année où les pluies sont fréquentes, et où l'on patauge dans les rues de notre bonne ville de Montréal, Paris fait sa toilette tous les jours pour conserver sa réputation d'être la ville la plus propre du monde. Je me suis demandé par quel système on arrivait à cette perfection et je suis allé aux renseignements, croyant que cela intéresserait les lecteurs de *La Patrie* et que ces détails pourraient tomber sous les yeux de mon ami Michel Laurent, président du *Comité des chemins* à Montréal. On va voir que c'est toute une histoire qui vaudrait bien la peine d'être mise à l'étude par notre conseil municipal. Le balayage des rues de Paris se fait pendant la nuit et la surface à balayer est de 11,800,000 mètres. Le personnel chargé de cet important service, lequel est recruté uniquement parmi les citoyens français, se compose comme il suit : 35 cantonniers surveillants payés à raison de 30 dollars par mois ; 86 cantonniers chefs de première classe à 35 dollars ; 74 cantonniers chefs de deuxième classe à 24 dollars. Quant aux cantonniers ordinaires, les balayeurs proprement dit, ils sont au nombre de 620 seulement, ayant une rétribution de 21 dollars, sur lesquels chaque mois il leur est retenu, à eux comme à chacun de leurs chefs hiérarchiques, une somme de un dollar, déposée à la caisse d'épargne par les soins de l'administration. Ce dépôt constitue pour leurs vieux jours leur seul et unique retraite. Indépendamment de ce personnel fixe, il en est un autre mobile composé de balayeurs auxiliaires. La moyenne prévue pour la période de 1889 à 1893, en dehors des surcroîts occasionnés par les neiges et les glaces, est de 1,100, travaillant la journée complète à raison de 64 cents et de 1,085 ne faisant que la demi-journée. Il y a, de plus, 600 femmes payées 42 cents. Et pour ce maigre salaire, durant 10 heures par jour, balayeurs et balayeuses, de 4 heures du matin à 11 heures et de 2 heures du soir à 5 heures, doivent pousser qui la raclette, qui le balai de bouleau, qui la brosse en piazzava et livrer au Parisien exigeant près de 12,000,000 mètres exempt de toute immondice !

Nous sommes loin du temps où le soin d'enlever les immondices amassés dans les rues des grandes villes était abandonné à des troupes de chiens errants ou même de porcs qui venaient la nuit dévorer les charognes et les détritus de toutes sortes que les habitants jetaient chaque soir devant leurs maisons, ainsi qu'il est encore fait dans quelques grandes villes de l'Orient. Aujourd'hui, le balayage a fait des progrès, il est régi par la loi. Le riverain n'est plus tenu, comme il y a encore quinze ans, de balayer et faire balayer la partie du trottoir ou de la rue qui lui incombe, mais il est tenu de payer. "A partir de sa promulgation, dit la loi du 26 mars 1873, la charge qui incombe aux propriétaires riverains des voies de Paris livrées à la circulation publique, de balayer, chacun au droit de sa façade, sur une largeur égale à celle de la moitié des dites voies et ne pouvant toutefois excéder six mètres, est et demeure convertie en une taxe municipale obligatoire, payable en numéraire, suivant un tarif délibéré en conseil municipal, après enquête et approuvé par un décret rendu dans la forme des règlements d'administration publique, tarif qui devra être revisé tous les cinq ans." Les voies de chaque arrondissement sont divisées en huit catégories subdivisées chacune en trois classes. Dans une même catégorie, la graduation du tarif tient à ce que la rue est plus ou moins fréquentée; dans une même classe, elle varie suivant la nature des constructions en bordure. La taxe rapporte à la ville environ 2,700,000 francs, tandis que les dépenses de balayage en personnes et en matériel lui coûtent près de 7,000,000.

J'ai eu la bonne fortune d'assister au dîner que donnait la Société d'alliance latine l'*Alouette* au Rocher de Cancale, pour fêter le dixième anniversaire de sa fondation par Xavier de Ricard et Edmond Thiaudière. Le président, M. Victor Tissot, étant Suisse, les honneurs de la soirée ont été naturellement pour l'Helvétie, "qui réalise déjà l'alliance latine dans ce qu'elle semble avoir de plus difficile aujourd'hui, a dit M. Thiaudière, puisqu'en son sein vivent en paix l'élément français et l'élément italien, et qui ébauche même les Etats-Unis d'Europe puisqu'elle joint à ces deux éléments un élément germanique assez considérable." Rappelons que le premier dîner de l'*Alouette* fut présidé le 3 juillet 1878, par Viollet-Leduc, et que les autres dîners l'ont été depuis par un certain nombre d'hommes très éminents, tels que Frédéric Mistral, Emilio Castelar, Ruiz Zorrilla, le général Türr, Frédéric Passy.

Ces dîners anniversaires sont très gais et très intéressants, car l'on y rencontre les personnalités politiques et littéraires les plus en vue de Paris. Le grand sculpteur Bartholdi que tout le monde connait au moins de nom au Canada, m'a fait l'honneur de m'inviter au dîner de la société la *Marmite*, qui aura lieu à l'hôtel Continental le 16 novembre courant. M. Goblet, ministre des affaires étrangères, tiendra le fauteuil de la présidence. C'est assez vous dire l'importance de cette réunion.

Je vois par les journaux canadiens que l'on s'est occupé de M. Pasteur, à Montréal, et nos compatriotes apprendront probablement avec intérêt que la date de l'inauguration de l'Institut Pasteur est définiment fixée au 14 novembre. Le président de la République a promis à M. Pasteur de présider cette cérémonie à laquelle assisteront également les présidents du Sénat et de la Chambre, M. Goblet, un certain nombre de membres du Parlement, de l'Institut, et de diverses sociétés savantes. Etant donné l'exiguité de la salle dans laquelle doit se faire l'inauguration, le nombre des invitations sera très restreint.

Les préparatifs et la construction des bâtiments pour l'Exposition de 1889, se poursuivent avec vigueur et tout fait prévoir un succès sans précédent. Bien que les monarchies européennes aient trouvé bon de ne pas prendre une part officielle à ce grand concours universel, les peuples qui pensent, qui inventent et qui travaillent pour nourrir ces frélons que l'on nomme des rois, se sont organisés, et toutes les Nations seront représentées au Champ de Mars — je dis toutes, — le Canada excepté. Il paraît que si nos gouvernants ont été trop aveugles pour comprendre les avantages d'une représentation officielle, nos industriels n'ont pas été assez entreprenants pour passer outre et agir eux-mêmes. Tant pis pour le Canada.

Il faut suivre les journaux quotidiens français pour bien se faire une idée des sentiments qui existent en France envers l'Allemagne et des tracasseries journalières que le gouvernement de Berlin suscite à tout ce qui est français.

C'est vraiment à n'y pas croire, et l'on se demande comment un gouvernement qui se respecte et qui prétend marcher à la tête de la civilisation moderne, peut descendre à ce rôle de mouchard provocateur que joue M. de Bismarck vis-à-vis de la France.

Le *Matin* publie cependant une dépêche de Vienne qui semblerait comfirmer les bruits d'après lesquels M. de Bismarck prépare sa retraite définitive : — " Dans peu de mois, peut-être dans quelques semaines, M. de Bismarck laissera son poste de ministre des affaires étrangères à son fils, et, à ce moment les autres postes occupés actuellement par le chancelier seront distribués à quelques personnes dont le choix n'est pas encore arrêté définitivement." Cette nouvelle, dit le correspondant du *Matin*, a été lancée pour ainsi dire par M. de Bismarck lui-même. En effet, le comte de Moltke, en parlant ces jours derniers au général Bronsart de Schellendorff, lui a dit : " Je viens de recevoir une lettre de M. de Bismarck ; il m'annonce que sa santé exige absolument qu'il se retire bientôt et qu'il ne peut plus supporter les lourdes charges de la chancellerie."

Les nouvelles des élections présidentielles des Etats-Unis ont ému vivement la colonie américaine de Paris, et il fallait voir l'excitation qui régnait aux abords des bureaux du *New-York Herald* et dans les grands hôtels. C'était à se croire à New-York ou à Chicago. On s'attendait généralement ici à la réélection de M. Cleveland, mais personne ne paraît avoir été surpris outre mesure de l'élection du général Harrison.

Je partirai avec ma famille pour le midi de la France où nous irons visiter notre compatriote Chartrand, lieutenant de Zouaves et professeur à l'école militaire de St. Hyppolyte-du-Fort. Les lecteurs de la *Patrie* savent déjà que M. Chartrand écrit dans la *Patrie* sous le pseudonyme de Chs. des Ecorres, et je me fais une fête d'aller lui présenter les cordiales amitiés de tous ceux qui ont suivi avec tant d'intérêt et de sympathie sa carrière militaire et littéraire.

Il n'y a rien de bien nouveau dans le monde des théâtres et la présence de Coquelin et de

Jane Hading, à Montréal, vous a placés, pendant quelques jours au moins, sur un pied d'égalité avec la scène parisienne.

L'Académie française a fixé au jeudi, 13 décembre, la réception du comte d'Haussonville. C'est M. Bertrand, secrétaire perpétuel de l'Académie des sciences, qui recevra le récipiendaire. D'aütre part l'Académie a arrêté le programme de sa séance publique annuelle qui aura lieu le 15 courant. M. Camille Doucet, secrétaire perpétuel, fera le rapport d'usage sur les concours littéraires de 1888. M. Sully-Prud'homme prononcera l'éloge des prix de vertu, et, entre deux, M. Ludovic Halévy lira un fragment du discours qui a remporté le prix d'éloquence : l'*Eloge de Balzac*. Enfin l'Académie a décidé que le jeudi, 22 novembre, elle procéderait à l'élection d'un membre en remplacement de M. Nisard.

Quelques livres nouveaux :

L'*Illustration* commence aujourd'hui la publication du roman que vient de terminer Georges Ohnet et qui a pour titre le *Docteur Rameau*.

Demain paraît le volume si curieux et si

remarquable du comte d'Osmond : *Reliques et Impressions*.

Enfin, le nouveau volume de M. Paul Déroulède, *Refrains militaires*, que la maison Calman va publier dans quelques jours, contiendra à sa première page une dédicace des plus touchantes.

La voici :

    Ce livre où pleure ma souffrance,
Où chante aussi l'espoir dont mon cœur bat,
Je le dédie au cher petit soldat
Qui, le premier, dans le premier combat,
Aura versé son sang pour notre France.

C'est un patriotique mot de la fin.

QUATRIÈME LETTRE

—

Paris, 16 nov. 1888.

Comme la politique chôme et qu'il n'y a actuellement rien d'absolument nouveau au point de vue de l'art, du théâtre et de la littérature, je me suis remis à revisiter Paris et à étudier son histoire. J'ai consulté les guides et j'ai rafraîchi ma mémoire sur une foule de détails que j'avais à peu près oubliés. Si vous le voulez bien je vais vous faire part de mes recherches. Je suis certain d'avance que tous les lecteurs de la *Patrie* prendront plaisir à se renseigner sur tout ce qui touche à la grande capitale.

La population de Paris était au dernier recensement, en 1886, de 2,344,550 habitants, plus de dix fois la population actuelle de Montréal. Paris est situé par 48° 50' de latitude nord et 0° de longitude de son propre méridien (2° 21' de Greenwich) sur la Seine qui la traverse du sud-ouest au nord-ouest, en décrivant une forte courbe vers le nord. C'est le centre d'un bassin tertiaire où apparaissent la formation crétacée et des alluvions quaternaires. Les bords de ce bassin, que la ville a fini par couvrir, n'atteignent pas plus de 300 pieds au-dessus du niveau du fleuve et 400 au-dessus du niveau de la mer. Les principales hauteurs sont, en commençant par l'est, celles de Charonne, Ménilmontant, Belleville, la Villette et Montmartre sur la rive droite ; et celles de la Maison-Blanche, la Butte-aux-Cailles et Sainte-Géneviève sur la rive gauche. La Seine a deux îles importantes, dans son parcours à l'intérieur de la ville qui est d'environ 11 kilomètres : l'île Saint-Louis et de la Cité, formées de la réunion de plusieurs îlots.

La ville se divise en deux parties principales : la rive droite et la rive gauche, à laquelle se rattachent la Cité et l'île Saint-Louis. Les distinctions entre le vieux Paris, les faubourgs et les communes annexées ne sont plus guère sensibles depuis les grandes transformations des 30 dernières années, qui ont fait disparaître une partie des anciennes rues, prolongé les grandes artères jusqu'aux fortifications et fait élever sur tous les points de grandes et belles constructions. Le centre a seulement plus d'édifices et plus d'animation. Au delà des grands boulevards sont les anciens faubourgs dont les noms se conservent encore dans ceux des rues principales rayonnant vers l'extérieur. Les plus importants sur la rive droite, sont, de l'Est à l'Ouest, les faubourgs *St. Antoine*, du *Temple, St. Martin, St. Denis, Poissonnière, Montmartre*, et *St. Honoré*. Ceux de la rive gauche sont moins connus, sauf le faubourg *St. Germain* qui fait depuis longtemps partie de la ville vieille. Les faubourgs St. Antoine et du Temple sont particulièrement occupés par des établissements industriels, le premier fabricant surtout des meubles et tout ce qui a rapport au mobilier ; le second ces milliers d'objets de fantaisie dits *articles de Paris* : orfèvrerie, bijouterie fine ou fausse, éventails, tabletterie, maroquinerie, bimbeloterie, papeterie de luxe, etc. Les petites industries pouvant s'exercer en chambre pénètrent même de ce côté dans la vieille ville où sont les magasins.

Les faubourgs St. Martin, St. Denis et Poissonnière sont plus commerçants qu'industriels : ils font le commerce en gros et l'exportation.

tandis que les parties voisines du centre ont plutôt pour spécialité le détail et les autres articles de luxe, surtout les grands boulevards, avec leurs splendides magasins, et les autres rues principales de ce côté. Le faubourg Montmartre, les quartiers de la Bourse, de l'Opéra et du Palais-Royal sont les parties de la ville préférées par les établissements financiers et ils réunissent en outre les grands et les petits hôtels et tout ce qui est nécessaire pour recevoir et distraire les étrangers. Le faubourg St. Honoré et le quartier des Champs-Elysées sont occupés par les résidences de l'aristocratie de l'argent, et le faubourg St. Germain par ce qui reste encore de la vieille noblesse, les ministères et les ambassades. Le quartier *latin*, ou des Ecoles, qui l'avoisine à l'Est, est, comme son nom l'indique assez, le siège de l'Université et d'une grande partie des établissements scientifiques de la ville. Là aussi sont la plupart des grandes librairies. Paris, au point de vue administratif, est divisé en 20 arrondissemants, ayant chacun leur mairie, quoiqu'il n'y ait qu'un seul conseil municipal ayant pour chef direct le Préfet de la Seine, qui est nommé par le gouvernement central. Les fortifications de Paris ont été construites en vertu d'une loi de 1840, dans l'espace de trois ans, et elles ont coûté alors 140 millions de francs. Elles se composent d'une enceinte continue de 34 kilomètres de développement, renforcée de 94 bastions de 30 pieds de hauteur, avec un fossé de 48 pieds de largeur, avec un glacis ; puis, de 17 forts avancés qui forment autour de la ville une seconde enceinte, à différentes distances. La plupart de ces forts ont été détruits dans les sièges de 1870-71, mais on les a reconstruits depuis. Enfin une troisième enceinte encore plus éloignée, se compose de 19 nouveaux forts construits depuis la guerre. Le service de la police est parfaitement réglé à Paris et l'étranger y est en parfaite sûreté à toutes les heures du jour et de la nuit, à la condition élémentaire de ne pas se laisser duper et de ne pas se placer soi-même entre les mains des filous et des malfaiteurs qui existent ici comme ailleurs.

Une dernière statistique pour clore cette étude déjà longue, c'est au sujet du service des eaux de la ville de Paris. Les quantités d'eaux amenées chaque jour à Paris sont les suivantes : eaux de sources 120,000 mètres cubes ; eau du canal de l'Ourcq, 120,000 mètres cubes ;

eau de Seine 170,000 mètres cubes ; eau de Marne 90,000 mètres cubes. Soit au total 500,000 mètres cubes ou 220 litres par tête.

Voilà le Paris d'aujourd'hui aux points de vue géographique, topographique et administratif. Je continuerai la semaine prochaine, cette étude sur Paris et je raconterai un voyage que je dois faire ces jours-ci dans les catacombes et les égouts de la grande ville que j'ai déjà visités il y a vingt-et-un ans, en 1867.

Les préparatifs pour l'Exposition universelle de 1889 se continuent avec entrain et tout sera prêt à l'époque indiquée, en dépit de l'hostilité systématique des réactionnaires de tous les pays du monde. Le directeur-général, M. Berger, a adressé aux présidents des comités d'installation de l'Exposition, une circulaire les informant qu'au premier janvier, tous les planchers ainsi que toutes les cloisons de séparation seront en place et qu'à ce moment commencera le montage des vitrines qui devra être terminé le 15 février. Dès cette époque donc, les objets d'exposition commenceront à être introduits dans l'enceinte. La même circulaire adressée aux comités des puissances étrangères les engage à suivre l'exemple de l'Angleterre dont les travaux d'installation sont assez avancés pour que le montage des machines puisse commencer le premier janvier 1889. On voit par ces renseignements que les travaux de l'exposition sont plutôt en avance qu'en retard, si bien que M. Berger s'occupe déjà de l'organisation et du fonctionnement du service de la manutention intérieure.

Je ne vous dirai rien du grand procès qui passionne aujourd'hui Paris, au sujet d'un fameux coquin nommé Prado qui a assassiné sa maîtresse après avoir commis d'innombrables filouteries. Ces histoires de cour d'assises se ressemblent toutes, dans tous les pays du monde, et les criminels finissent généralement sur l'échafaud, quelque soit d'ailleurs le genre de supplice qu'on leur inflige. Prado, lui, sera guillotiné.

Une feuille italienne donne un relevé assez curieux : c'est le chiffre des troupes de toutes nationalités qui ont passé par le canal de Suez dans les trois dernières années, par suite de l'expédition anglaise au Soudan, de l'occupation française du Tonkin et des expéditions italiennes à Massouah et en Abyssinie. 206,716 soldats ont franchi l'isthme de Suez dans la période 1886-87 dont 102,692 Anglais, 101,217 Français, 37,936 Italiens et 20,144 Turcs. C'est ce qu'on appelle une voie pacifique.

L'inauguration de l'Institut Pasteur a eu lieu jeudi, comme je vous l'avais annoncé dans ma dernière lettre en présence du président de la République, des présidents du Sénat et de la Chambre des députés, des ministres de la guerre, de l'intérieur, de l'instruction publique, des finances et du commerce, des grands-ducs de Russie et d'un grand nombre de membres de l'Institut, de l'Académie française, de l'Académie de médecine, des Facultés et autres centres d'enseignement.

Tout le monde a rendu justice aux merveilleux résultats obtenus par le grand savant, qui est trop bien connu au Canada pour qu'il me soit nécessaire de faire ici l'historique de ses découvertes.

CINQUIÈME LETTRE

—

Paris, 23 nov. 1888.

J'ai annoncé dans ma dernière lettre le dîner de la société la *Marmite*, qui a eu lieu à l'hôtel Continental, vendredi dernier et c'est encore sous le coup de l'émotion des discours patriotiques que j'y ai entendus que je vais essayer de raconter ce qui s'y est dit, et ce qui s'y est passé !

C'est au mois de novembre 1873 que quelques amis se réunirent dans un restaurant du Palais-Royal et décidèrent de se rencontrer chaque mois, dans un dîner fraternel. Telle fut l'origine de la société qui prit le nom de Marmite, pour bien indiquer que toutes les professions littéraires, scientifiques, artistiques, commerciales et autres viendraient se grouper autour d'une même table dans un esprit nettement républicain. Tout en devenant très nombreuse, la réunion est restée fidèle à l'esprit de cordialité et d'union ainsi qu'aux sentiments de libéralisme qui l'avaient inspirée. Les banquets mensuels se sont succédés régulièrement et c'est à une de ces réunions, présidée par M. Goblet, ministre des affaires étrangères, que j'avais l'honneur d'assister. Je vais, autant que ma mémoire le permettra, citer les noms de quelques personnes présentes — dans la politique : M. Goblet, ministre, Ed. Millaud, ancien ministre, sénateur ; Allain-Targé, ancien ministre ; Devès, sénateur, ancien ministre ; Dietz-Monnin, sénateur ; de Douville-Maillefeu, député ; Gatineau, député ; Ives Guyot, député ; L. Herbette, conseiller d'Etat ; Méline, président de la chambre des députés ; — dans l'armée : le général Rousseau, grand secrétaire de la chancellerie de la Légion d'honneur ; le général Riu ; le général Munier ; le général Brugère ; le colonel Guerrier ; le général Yung ; le général Thibaudin ; le colonel comte de Salles ; — dans les sciences : M. Jannsen, le grand astronome, président de l'Académie des Sciences ; le celèbre M. Pasteur ; Kempfen, directeur des Musées Nationaux ; Jules Lax, ingénieur en chef des Ponts-et-Chaussés ; Gustave Ollendorff ; —

dans les lettres : Jules Claretie, Lucien Pâté, Armand Sylvestre, Grandmougin, Edmond Harancourt, Léon Meunier, du *Courrier des Etats-Unis* ; — dans les arts : Bartholdi le grand sculpteur ; Henner, le grand peintre ; Armand Dumaresq, Berne-Bellecour, Coutan, le statuaire ; Jules Garnier ; Régamey ; Roty, le statuaire ; Monchablon. Enfin, M. de Lesseps ; Savorgnan de Brazza, gouverneur du Congo ; Truffier, de la Comédie Française ; Hetzel, l'éditeur ; Oscar Comettant, M. MacLane, ministre des Etats-Unis en France ; Georges Berger, commissaire général de l'Exposition universelle, et autres notabilités politiques, militaires, artistiques et scientifiques que je rencontrais pour la première fois et dont les noms m'échappent.

Je fais cette nomenclature afin de bien faire comprendre l'importance de la *Marmite* et de donner aux paroles prononcées par MM. Goblet, Herbette et Bartholdi, la valeur qu'elles peuvent avoir dans la bouche d'hommes aussi connus et aussi autorisés. Nous étions 135 convives à table dans une des merveilleuses salles de banquet de l'*Hôtel Continental*, et comme je l'ai déjà dit, M. Goblet occupait la présidence. Au dessert, il n'y eut qu'un toast : celui du *Canada Français*, et M. Goblet en le présentant, fit un des plus jolis, un des plus sympathiques discours que j'aie encore entendus. Après avoir fait l'historique de la découverte du Canada, le président raconta en termes émus les événements de la conquête, la fidélité des Canadiens-Français au souvenir de la France et leur attachement au régime de la liberté. " Je bois, dit-il, aux Canadiens-Français, fidèles par le cœur à leur ancienne mère patrie, comme ils le sont, en politique, au drapeau qui les protège."

M. Herbette prit ensuite la parole et après avoir longuement parlé du Canada qu'il connait comme nous le connaissons, il parla des Français que l'on connait si peu à l'étranger et qui sont de braves gens, laborieux, intelligents, sympathiques et aimants. Il ne faut pas juger la France par ceux qui font le plus de bruit ; ce qui vaut le mieux en France est ce qui se montre le moins et c'est pourtant ce qui fait la vitalité puissante de la nation et de la race. " Avec un tempérament prompt
" comme le nôtre, continua M. Herbette, ce
" sont les plus bruyants qui passent pour re-
" présenter la masse et l'élite du pays, alors
" que l'élite et la masse ne les considèrent que

" comme des acteurs en scène ou des agités,
" des impatients ou des enfants terribles. Ce
" n'est pas sans tristesse que nous voyons les
" étrangers nous méconnaître et nous ignorer,
" même en nous étudiant sur place. C'est une
" joie profonde pour nous d'ouvrir nos réu-
" nions, notre cœur, nos familles, à des Fran-
" çais du Canada, que nous aimons comme
" nos compatriotes les plus chers. Oui ! la
" caractéristique de notre race c'est la chaleur
" et la bonté du cœur unis à l'élan de l'imagi-
" nation. Malgré les paroles et le fracas que
" l'on fait parfois, je n'ai jamais vu chez nous
" de haine véritable contre personne, même
" contre nos ennemis les plus haineux. La
" race n'a pas changé, elle a seulement passé
" à l'école du malheur qui la rendra plus forte.
" Elle fait l'apprentissage de l'absolue liberté
" que le vieux monde ne pouvait acclimater
" chez lui sans des crises sérieuses. Ces crises
" passeront : cette agitation passionnée n'est
" pas ce qui tue un peuple. Je reste donc
" optimiste, et ce qui m'y engage le plus, c'est
" de voir ce que sont devenus, ce que devien-
" dront nos chers compatriotes du Canada,
" qui ont résisté à tout, qui ont grandi malgré
" tout, et que nous sommes si fiers de compter

"comme des Français, des frères du Nou-
"veau-Monde."

J'ai cité de mémoire ces paroles de M. Herbette, car elles sont l'expression de mes propres sentiments au sujet de la France moderne, de cette France qui pense et qui travaille, à l'encontre de ces farceurs de toutes professions qui encombrent les boulevards de la grande capitale et qui passent chez certaines gens comme les représentants de la France d'aujourd'hui. Le sculpteur Bartholdi qui a visité le Canada, rappela avec sympathie quelques épisodes de son voyage et parla du sentiment artistique qui existe chez les Canadiens-français.

Ce fut au milieu d'une triple salve de hourrahs que l'on but à la santé des Canadiens-français, et c'est le cœur sur les lèvres que je me levai pour répondre à d'aussi sympathiques et éloquentes paroles, de la part d'hommes célèbres dans le parti républicain français, et qu'une certaine presse essaie de faire passer, chez nous, pour des gens sans cœur et sans principes. C'est pour prouver le contraire aux lecteurs de *La Patrie* que j'ai tenu à leur raconter un peu dans le détail, ce qui s'est dit et fait au dîner de la *Marmite* de Paris, le 16 novembre 1888. Les noms que j'ai d'ailleurs cités plus haut sont trop bien connus, pour qu'il me soit nécessaire d'ajouter quoi que ce soit pour affirmer l'importance d'une démonstration comme celle-là.

Je vous ai annoncé la semaine dernière que je vous raconterais un nouveau voyage que je devais faire dans les catacombes de Paris, pour examiner le système d'égouts de la grande ville. Comme cette correspondance deviendrait trop longue, je vais négliger le côté pittoresque de ce voyage pour me borner au côté pratique de la statistique. Accompagné du Dr. Deschamps, conseiller général de la Seine, et muni d'une autorisation de M. Poubelle, préfet de la Seine, je me rendis place du Châtelet, à une des entrées principales qui est celle par laquelle descendent les voyageurs. Nous étions chaudement vêtus de longues pelisses et nous avions pour guide un chef d'équipe qui déclare mieux connaître Paris souterrain où il passe la moitié de sa vie, que le Paris au grand soleil que tout le monde peut voir. Le bassin de la ville est divisé en quatre parties par deux grands égouts perpendiculaires à la Seine, ceux des boulevards Sébastopol et St. Michel, qui aboutissent dans huit autres plus ou moins parallèles au fleuve. Nous sommes bientôt dans un grand égout du boulevard Sébastopol, et notre guide tout en nous conduisant, nous donne des détails fort intéressants. La longueur totale du réseau des égouts est de 1500 kilomètres, soit 421 kilomètres de plus que la distance de Paris à Berlin par chemin de fer (1079 kil.) Ces travaux gigantesques coûtent en moyenne 100 fr. par mètre. Les deux grands égouts dont j'ai parlé plus haut ont pour affluents 15 galeries secondaires, recevant elles-mêmes les eaux d'autres galeries moins grandes, creusées dans toutes les directions. Les seconds sont des égouts collecteurs. Ceux de la rive droite amènent leurs eaux à la place de la Concorde, dans un collecteur-général qui les déverse dans la Seine, en aval du pont d'Asnières. La fameuse *cloaque maxime* de Rome qui n'avait pas plus de 800 à 900 mètres, était peu de chose en comparaison de ce seul collecteur qui a 4600 m. de long. Il débite environ 10,000 mètres cubes d'eau à l'heure, mais il peut en écouler deux fois autant. Pour souder les collecteurs de la rive gauche au reste du réseau, on a immergé dans la Seine, en amont du pont de l'Alma, un syphon composé de deux tuyaux en fer, de un mètre de diamètre et de 156 mètres de longueur, et ces collecteurs se prolongent de l'autre côté à une profondeur de 30 mètres pour rejoindre le collecteur de la rive droite, non loin de son embouchure. Les plus petits égouts ont sept pieds de hauteur sur quatre pieds de largeur, et les plus grands ont 18 pieds de hauteur par 20 pieds de largeur—de véritables rues avec trottoirs. Ils sont construits en pierre meulière et chaux hydraulique avec enduits intérieurs et extérieurs. Les collecteurs ont une sorte de banquette ou trottoir de chaque côté d'un canal. Contre la voûte passe une conduite d'eau claire d'au moins un mètre de diamètre. Le nettoyage de ces égouts se fait avec un grand soin et le système employé est fort ingénieux. Il y a des bateaux avec vannes de même dimension que le canal et pouvant former écluse. Si l'on baisse la vanne, l'eau qui vient la presser la pousse en avant et chasse en même temps les immondices vers l'ouverture de la galerie. Dans les petits collecteurs, le bateau est remplacé par un petit wagon que poussent les égoutiers. Toutes les galeries communiquent avec les rues par de nombreuses échelles de fer, par lesquelles les employés peuvent toujours remonter. Des signes de repère, les noms des rues, y sont partout marqués et l'on sait toujours précisément où l'on se trouve, dans le monde souterrain. Ajoutons que l'on peut visiter tout cela sans la moindre souillure et sans la moindre éclaboussure et que la plupart de ces égouts sont bien plus propres que certaines rues de Montréal, à cette époque de l'année. Après deux heures de séjour dans ces catacombes, nous nous trouvons place de la Madeleine, où nous revoyons la lumière du soleil.

Je pars samedi avec ma famille pour le midi de la France où j'irai visiter mon ami Chartrand (Ch. des Ecorres) à St. Hyppolite, et je me dirigerai ensuite vers l'Italie, en visitant Nîmes, Marseille, Nice, Gènes, Turin, Milan, Venise, Florence, Rome, Naples, la Sicile, Malte, la Tunisie, l'Algérie, le Maroc et enfin l'Espagne, pour être de retour ici le premier mars prochain. Je tâcherai, en voyageant de la sorte—bien que la chose ne soit guère facile —de continuer d'adresser à la *Patrie*, ma correspondance hebdomadaire régulière. Je demanderai seulement à mes lecteurs de me pardonner le décousu du style et des récits, dans un voyage qu'il me faut nécessairement faire à la hâte.

SIXIÈME LETTRE

Paris, 26 novembre 1888.

Avant de quitter Paris, pour un voyage de trois mois dans le Midi, je veux encore ajouter quelques détails à la description que j'ai déjà faite de la grande capitale, au point de vue de la statistique. Au point de vue général, Paris a une physionomie assez uniforme, à cause des travaux importants de transformation qu'on y a exécutés depuis que la révolution du siècle dernier est venue mêler toutes les classes. Les grands boulevards parfaitement tenus forment un réseau admirablement calculé pour rendre les communications faciles et promptes entre tous les quartiers, et c'est ce qui donne ce cachet grandiose d'ensemble qui frappe d'abord l'étranger. Les grandes voies ont été, pour la plupart, créées de nos jours, car Paris n'avait encore au commencement de ce siècle qu'un réseau enchevêtré de petites rues tortueuses, comme il en reste encore quelques-unes. Les avenues neuves, tirées au cordeau ont ôté l'aspect pittoresque à bien des quartiers, mais elles étaient imposées par une population toujours croissante. Il est pour ainsi dire impossible de se faire une idée des frais énormes qu'a entraînés le percement des nouvelles rues, à travers des quartiers entièrement bâtis, surtout au centre de la ville, où la moindre maison à exproprier valait plusieurs centaines de mille francs et où il a encore fallu indemniser ceux qui s'y trouvaient établis. L'étranger est ensuite étonné de l'animation extraordinaire qui règne, non-seulement dans les principales rues, mais à peu près sur tous les points à la fois. C'est ce qui a donné naissance à l'expression *faire des courses* au lieu de dire comme chez nous, *aller à ses affaires*.

Les rues de Paris sont donc très bruyantes et les voitures qui y circulent sont innombrables. J'ai même lu quelque part qu'il passait une moyenne de plus de cent mille voitures par jour, sur un point donné; au coin des boulevards et de la rue Montmartre par exemple. Ajoutez à cela une grande quantité de petits industriels qui ne font de commerce que sur la voie publique et qui sont obligés de pousser des cris de toute sorte, la plupart discordants et inintelligibles, pour attirer l'attention des clients. Des marchands de denrées alimentaires, de vieux habits, de chiffons, de tonneaux, des étameurs, des vitriers, des raccommodeurs de faïence, des tondeurs de chiens, des cornets de tramways, des vendeurs de journaux, chacun vivant de son métier et débitant son boniment sur le ton qui lui convient. Il est facile à comprendre que ce n'est pas toujours très harmonieux. Selon le pays d'où il vient, le voyageur remarquera bien des particularités et des usages différents de ceux de son pays, mais le bon goût du Parisien l'empêche généralement de tomber dans les excentricités que l'on remarque à New-York, à Londres et dans les autres grandes villes. Une des particularités qui frappe le plus l'étranger, dans Paris, c'est l'absence absolue d'hommes et de femmes ivres dans les rues et l'extrême propreté des classes pauvres. S'il existe des ivrognes à Paris, on ne les voit jamais et s'il y a des personnes malpropres elles ne sortent jamais dans la rue. L'ouvrier parisien est aussi fier de sa tenue, si humble qu'elle soit, que le gommeux inutile qui flâne dans les grands cafés des boulevards.

Voilà pour Paris dont je n'aurai plus occasion d'entretenir les lecteurs de *La Patrie* jusqu'à mon retour d'Italie, de Malte, d'Afrique et d'Espagne. J'ai été heureux de rencontrer ici de vieux amis : Gustave Drolet, Philippe Hébert, l'artiste, Joël Leduc, Faucher de Saint Maurice, Jules Tessier, Deschêne, député de l'Islet, Gaston Roullet, le peintre et plusieurs jeunes étudiants, entr'autres MM. Saint-Charles, Larose et Franchère qui suivent les leçons des grands maîtres de la peinture française.

J'ai aussi rencontré un grand nombre de Français que j'avais eu occasion de recevoir chez moi à Montréal, et je n'ai eu qu'à me flatter de l'accueil bienveillant que j'ai rencontré partout, et tout particulièrement chez des hommes de valeur qui occupent des positions importantes. Il y a, à Paris comme ailleurs, et peut-être plus qu'ailleurs, deux classes de personnes qu'il ne faut jamais confondre lorsqu'on parle de la France et des Français. Il y a le poseur, le *faiseur* et le gandin qui nous vient quelque fois au Canada presque toujours attifé d'un titre de noblesse plus ou moins exotique et qui trouve à redire à tout ce qu'il entend, et qui serait en peine de produire son extrait de baptême ou qui cacherait avec soin son casier judiciaire, si on les lui demandait. Nous avons continuellement à Montréal des dégommés de cette espèce et je ne saurais mettre mes compatriotes trop en garde contre cette engeance d'individus qui sont généralement en Amérique parce qu'ils ne peuvent plus être en France. Ceux-là ne pourront jamais vous rendre ici les politesses que vous auriez pu leur faire là-bas, pour la bonne raison qu'ils ne seraient pas eux-mêmes reçus, en France, dans la société respectable. Je ne saurais donc trop prévenir les Canadiens-Français qui seraient tentés d'ouvrir les portes de leurs bureaux ou de leurs résidences à des aventuriers qu'ils ne connaissent pas et qui ne pourraient pas se réclamer du consulat français, à Montréal ou à Québec.

D'un autre côté—et c'est le bon, le vrai côté—on n'oblige pas vainement un bon Français, un Français qui travaille pour son pays, soit dans les arts, les sciences, la politique, le commerce, la magistrature ou la littérature et on ne saurait trop bien recevoir les hommes de cette trempe qui visitent le Canada. Je n'ai qu'à citer, au hasard, les noms de Henri de Lamothe, de Mme Henri Gréville, de M. de Molinari, de M. Rameau, de M. Marmier, de l'Académie Française, et de tant d'autres qui ont contribué à faire connaître le Canada en Europe. Je sais que pour ma part, les quelques attentions que j'ai pu avoir au Canada pour des voyageurs français m'ont été rendues au centuple chaque fois que j'ai visité la France où je compte de très nombreux et de très chers amis. Je viens de prononcer le nom du vénérable M. Marmier à qui je me suis empressé d'aller présenter mes hommages, dès mon arrivée à Paris. Ce vieil ami du Canada travaille encore malgré son grand âge, et il m'a fait l'honneur d'un exemplaire du dernier volume que vient de publier Hachette sous le titre de : "Voyages et littérature ; Mémoires sur la découverte de l'Amérique au dixième siècle ; Valachie et Moldavie ; un voyage en Perse ; le pays des Cosaques ; tradition d'Allemagne ; Eric XIV ; la bibliothèque Sainte-Geneviève." M. Xavier Marmier est un des Français de notre siècle qui ont le plus et mieux voyagé, c'est-à-dire, qu'il a parcouru presque tous les pays de l'Europe et de l'Orient, non point en touriste distrait, mais en observateur curieux, notant les traits de mœurs caractéristiques, les traditions, les légendes et les poésies populaires dans lesquelles se fixe l'image de la vie des peuples. C'est un plaisir de feuilleter avec lui les innombrables documents rapportés des pays lointains; il nous en a déjà donnés beaucoup ; mais le fond est inépuisable et ne cesse jamais d'être intéressant, charmant toujours par la grâce littéraire dont il sait le révêtir.

Ma prochaine lettre vous parlera de Lyon, d'Avignon, de Nîmes et d'Arles que je visiterai, cette semaine, en me rendant à Saint Hippolyte, chez notre compatriote Chartrand, officier au 3ème Zouaves. Mes correspondances se ressentiront tout naturellement du décousu et de la rapidité d'un voyage à toute vapeur. Aussi n'ai-je pas la prétention de vouloir juger des pays que je ne visiterai qu'en passant, autrement qu'en faisant des résumés historiques, géographiques et topographiques des endroits où je m'arrêterai quelques jours. Il serait impossible de faire autre chose dans un voyage de quelques mois.

SEPTIÈME LETTRE

Nimes, 4 décembre 1888.

Faucher de Saint-Maurice, dans une de ses correspondances au *Canadien* a publié un portrait à la plume de M. René Dubail, ancien maire du dixième arrondissement de Paris, et père de notre sympathique consul général de France à Québec. *La Patrie* a reproduit, à l'époque, la correspondance de Faucher et je tiens à accentuer ici tout ce qu'elle contenait de flatteur à l'adresse du vaillant républicain de 75 ans qui fut l'ami de tous les chefs libéraux que la France a produits depuis 50 ans. Maxime du Camp que l'on ne saurait taxer de sympathie pour les républicains, a publié, ce qui suit dans ses *Convulsions de Paris* à l'adresse de M. Dubail. C'est un témoignage assez impartial pour que je n'aie pas besoin d'y rien ajouter :

" Il y avait parmi les représentants de la municipalité parisienne un homme qui, pendant la période d'investissement, ne s'était point ménagé pour subvenir aux besoins de ses administrés : c'était René Dubail, maire du dixième arrondissement, républicain de vieille date, fort estimé au Palais de Justice où il avait, comme avocat, laissé d'excellent souvenirs, grand, maigre, ignorant toute transaction de conscience et ayant l'habitude de marcher droit dans une imperturbable probité. Son zèle et son dévouement l'avaient entraîné à assumer sur lui la plus lourde part du travail et de la responsabilité de ces jours difficiles. Il se tourna vers ceux de ses collègues qu'il sentait favorables à l'insurrection et leur dit :

—Si vous êtes ici pour résister avec nous, c'est bien : sinon, il faut f...... le camp.

Le mot n'était pas parlementaire — depuis on en a entendu bien d'autres — mais il est telles situations où la patience échappe aux esprits les plus corrects. A cette parole d'un honnête indigné, la majorité se resserre et se rallie à la résistance ; on comprit que c'était rejeter toute pudeur que de ne pas rompre immédiatement tous les pourparlers avec les insurgés. M. Dubail fut chargé de rédiger une protestation contre la mauvaise foi du comité Central. Cette protestation, que la suite des incidents qui allaient se précipiter empêcha de rendre publique, était très ferme.

Elle disait :

" Le Comité central manque pour la deuxième fois à la parole donnée en son nom par ses délégués. Il veut faire demain des élections sans sincérité, sans régularité, sans contrôle. C'est la guerre civile qu'il appelle dans

Paris. Que la honte et le sang en retombe sur lui seul! Quant aux maires, ils engagent la garde nationale à se rallier à eux pour défendre l'ordre et la République."

J'ai passé de bien agréables moments dans la société de M. Dubail et heureux les Canadiens de passage à Paris qui ont eu, comme Faucher et moi, l'honneur, le plaisir et l'avantage de lui être présentés.

Nous quittons Paris à 8 h. 50 m. du matin, par le *rapide* à destination de Lyon, où nous arrivons à 6 heures du soir. Il fait un temps superbe et nous avons pu admirer à plaisir le superbe panorama d'une des plus belles régions de la France. Melun, Fontainebleau, Montereau, Sens, Tonnerre, Dijon où nous déjeunons au buffet, à la hâte ; Vougeot, Nuits, Beaume, Pommard, Mâcon, qui produisent les grands crûs de la Bourgogne ; enfin Lyon où nous arrivons à la minute indiquée par l'indicateur. Nous descendons à l'hôtel de l'*Univers* sur le superbe *Cours du midi*, en face de la gare Perrache. Après avoir copieusement dîné, en compagnie de quelques Américains, nous prenons une voiture et nous allons visiter la première ville de France, après Paris, en population et en importance commerciale (450,000 habitants, recensement de 1886).

Nous prenons la rue Victor Hugo, nous passons la vaste place Bellecour, continuons par la rue de la République jusqu'à l'Hôtel-de-Ville et le Palais des Arts. Nous rentrons à l'hôtel un peu fatigués mais enchantés de ce que nous avions vu jusqu'alors, nous réservant de consacrer toute la journée du lendemain à une visite plus sérieuse. En rentrant dans ma chambre je consulte mon guide et j'apprends pour la deuxième fois que Lyon fut fondé par les Grecs, 560 ans avant l'ère chrétienne et qu'elle devint plus tard la capitale de la Gaule Celtique. Elle a toujours occupé un des premiers rangs par sa magnifique situation, au confluent de deux grandes rivières navigables, le *Rhône* et la *Saône* et sur le versant des collines qui l'entourent et qui lui servent de fortifications naturelles. La ville est divisée en trois parties bien distinctes, par ces deux rivières : la ville proprement dite située sur la langue de terre formée par leur confluent ; la rive droite de la *Saône*, avec Fourvières et l'ancien faubourg de *Vaise* et la rive gauche du Rhône, comprenant l'ancien faubourg de la *Guillotière* et les *Brotteaux*.

Le quartier de *Perrache* où se trouve située la gare principale, doit son nom au Lyonnais de ce nom qui, à la fin du siècle dernier, agrandit la ville en faisant reculer plus au sud la pointe que forme le confluent du *Rhône* et de la *Saône*.

Après m'être orienté sur ma carte et avoir étudié la topographie des lieux que je voulais visiter le lendemain, je me couchai un peu fatigué d'une journée passée en chemin de fer. Je fus éveillé, à 7 heures, le lendemain, par une sonnerie de clairon qui me semblait familière, et en mettant la tête à la fenêtre j'aperçus le 12e bataillon de chasseurs-à-pied qui se déployait sur le cours du midi pour faire l'exercice. Il faisait un soleil superbe et je passai une heure à admirer la précision des manœuvres de ces braves petits *pioupious* français qui se préparent avec ardeur à la guerre de revanche. Car il ne faut pas se faire d'illusion à l'étranger, la France ne désire pas et ne déclarera pas la guerre, mais elle s'y prépare constamment et systématiquement et je suis un de ceux qui croient fermement à la victoire des armées françaises lorsque sonnera l'heure du combat. Je me renseigne continuellement sur ce sujet et pour moi il n'y a pas d'armée en Europe mieux organisée que l'armée française d'aujourd'hui. Soit dit en passant, sur un sujet que j'ai l'intention d'étudier sur place, en Algérie.

Notre première excursion du matin se fait dans les bateaux-mouches qui sillonnent les deux rivières. Nous remontons la Saône qui a treize ponts, jusqu'à *Vaise* et le Rhône qui n'en a que neuf jusqu'à la *Boucle*. Nous admirons en passant, à gauche, l'église de Fourvières hardiment campée sur la colline de ce nom et à droite, la *Croix-Rousse*, avec ses casernes et ses couvents des *Chartreux* et des *Trinitaires*. Nous étudions l'aspect général de la ville que nous verrons bientôt en détail du haut des tours de Fourvières où nous grimperons bientôt. Je dis *grimper* car il nous faudra, atteindre une hauteur de près de 1000 pieds d'altitude pour arriver à la plate-forme de l'observatoire. Nous prenons le chemin de fer à *ficelles* comme on dit à Lyon, qui abrège et épargne la fatigue d'une montée pénible et nous arrivons à la station des Minimes qui se trouve encore à dix minutes de l'église qui est un des monuments les plus remarquables, par son architecture et par sa position. La construction de Notre-

Dame de Fourvières n'est pas encore tout à fait achevée et les ouvriers travaillent encore à son ornementation intérieure. L'église est d'un style byzantin modernisé et elle a 86 mètres de long sur 35 de large. La façade flanquée de deux tours polygonales surmontées d'immenses couronnes, présente un riche portique avec quatre colonnes monolithes, en granit amphibolique. Les seizes colonnes de l'intérieur sont en marbre bleu, avec piédestaux en marbre blanc, celles du sanctuaire sont en marbre rose. Une vaste crypte consacrée à St. Joseph règne sous tout l'édifice ; elle est déjà décorée de mosaïques. Après avoir admiré l'intérieur, nous montons sur l'observatoire où nous jouissons du plus superbe panorama qui se puisse rêver. En dehors de la vue d'ensemble de la ville et des environs, le regard embrasse une étendue de plus de 150 milles, comprenant à l'est, les Alpes jusqu'au Mont-Blanc qui est, en ligne droite, à plus de 100 milles de Lyon ; au sud-est, les Alpes du Dauphiné ; au sud, les Cévennes ; et à l'ouest les montagnes de l'Auvergne. Je le répète, c'est le plus beau panorama qu'il m'ait encore été donné de voir, et tout voyageur qui vient en France et qui passe par Lyon sans s'y arrêter, commet une faute irréparable ; et tous ceux qui m'accompagnent disent comme moi. Nous redescendons et nous visitons en passant l'ancienne chapelle de Fourvières, située à côté de la nouvelle église. C'est un édifice sans valeur architecturale mais qui est très fréquenté comme pélerinage. Elle possède une Vierge noire qui est littéralement tapissée d'ex-voto. Pour descendre en ville, nous prenons, au-dessus de l'église, le *passage du Rosaire*. C'est un sentier agréable en lacets qui aboutit à la montée St. Barthélemy, qui nous conduit dans des côtes et des escaliers nous rappellant Québec et sa rue du *Sault-au-Matelot*. Nous visitons en passant la cathédrale Saint Jean qui est une des églises les plus curieuses de France et qui date du XIIe siècle. Nous employons le reste du jour à visiter les autres édifices publics et nous remettons au lendemain l'examen du *Palais-des-Arts* qui contient un des musées les plus importants de France. Nous visitons l'église d'*Ainay* fondée au VIe siècle ; l'église St. Pierre qui a un portail romain du IXe siècle ; l'église St. Nizier qui date du XVe siècle ; l'Hôtel-de-Ville ; le théâtre des Célestins ; la place des Terreaux ;

le palais de la Bourse; et enfin le parc de la Tête-d'Or qui est une promenade digne d'une grande et riche cité comme celle de Lyon. Nous passons la journée du lendemain à visiter les tableaux du Palais-des-Arts et le musée Guimet qui sont tous les deux fort intéressants, et nous prenons le *rapide* du soir pour Avignon, la ville des papes, enchantés de notre séjour à Lyon et de toutes les choses intéressantes que nous y avons vues.

Quatre heures de chemin de fer séparent Lyon d'Avignon. On aperçoit Vienne, Valence, Montélimar, Chateauneuf et on arrive en gare dans la ville française la plus curieuse que je connaisse encore. On se retrouve en plein moyen-âge à l'aspect des remparts que longe le chemin de fer et qui ont été construits par les papes vers 1350, à l'époque où les vicaires de Jésus-Christ habitaient Avignon. Ces remparts sont très bien conservés et c'est un curieux spécimen de fortifications de cette époque. On y voit encore les 39 tours rondes ou carrées de l'enceinte avec leurs créneaux et leurs machicoulis. Des boulevards en font le tour. Avignon est une ville de 38,050 habitants qui était déjà prospère avant la conquête des Romains et les papes en ont été les maîtres jusqu'à l'annexion du Comtat Venaissin à la France, en 1791. C'est ici que les réactionnaires ont assassiné le maréchal Brune en 1815. A part de l'avenue de la République qui est de construction moderne, les rues présentent un enchevêtrement de petits passages où deux voitures ne sauraient se rencontrer. C'est merveilleux de pittoresque et d'antiquité.

L'ancien palais des papes existe toujours et forme naturellement le grand point de curiosité pour les voyageurs. C'est un vaste et sombre édifice gothique, plutôt un chateaufort qu'un palais, dominant la ville et les environs. Il est formé d'un assemblage irrégulier de bâtiments construits sous trois différents papes, de 1336 à 1364. Les murs atteignent quatre mètres d'épaisseur. Le palais sert aujourd'hui de caserne et est habité par un régiment de ligne, mais il doit changer bientôt de destination et on y transportera le musée. A gauche du palais se voit encore l'ancien hôtel des Monnaies construit au XVIIe siècle d'après Michel-Ange, La Cathédrale ou *Notre-Dame-des-Doms* est une église romaine du XIe siècle. Le clocher est couronné d'une statue de la Ste. Vierge et l'intérieur est assez richement orné. On y voit les tombeaux de Benoit XII et de Jean XXII. Le chœur renferme l'ancien trône des papes. A côté de la cathédrale se trouve la belle promenade du rocher des Doms qui s'étend jusqu'à l'extrémité du plateau et qui se termine à pic, plus de 300 pieds au dessus du Rhône. D'un massif de rochers, au milieu de la promenade, on a un panorama magnifique embrassant les rives du Rhône et les montagnes environnantes qui sont toutes couronnées de vieux châteaux, de vieilles tours et d'anciennes fortifications en ruines. C'est un superbe coup d'œil qui vaut à lui seul tous les frais du voyage. On y voit, à gauche, sur le Rhône, le célèbre pont d'Avignon où

Tout le monde y danse,

comme dit la chanson populaire. Le pont est depuis quelques temps en ruine et ne s'étend qu'à la moité du fleuve. On y voit encore et l'on visite, sur la deuxième pile, une chapelle de St. Bénézet du XIVe siècle, dont la fête se célèbre encore par des danses, le 14 avril. En aval, on aperçoit un magnifique pont suspendu qui nous conduit à Villeneuve-les-Avignon, de l'autre côté du Rhône. Il faut mentionner parmi les monuments d'Avignon le Musée Calvet, et les églises de St. Pierre (XIVe siècle) et de St. Symphorien ; les chapelles des *Pénitents-blancs* et des *Pénitents-gris* où l'on voit de très curieuses et très vieilles peintures. L'Eglise des Cordeliers où était le tombeau de Laure, l'amante de Pétrarque, est en grande partie détruite et le tombeau n'existe plus.

Voilà pour Avignon, dont nous recommandons vivement la visite aux touristes qui aiment et qui savent apprécier les antiquités historiques. C'est une véritable mine que je regrette de n'avoir pas pu explorer plus longuement.

Nous prenons le train pour Tarascon, patrie de *Tartarin* de sympathique mémoire. C'est une petite ville de 10,000 habitants qui possède un remarquable château gothique construit et habité par le roi Réné d'Anjou, comte de Provence. Il sert aujourd'hui de prison. En face de l'autre côté du Rhône, Beaucaire, ville de 10,000 habitants aussi célèbre par un grand château en ruine et par sa *foire* qui se tient dans la seconde quinzaine de juillet de chaque année.

Nous nous trouvons maintenant dans un

pays accidenté où l'on rencontre sur chaque colline, dans chaque vallon, de vieilles villes, de vieux châteaux qui sont aujourd'hui en ruine mais qui ont leur histoire, leur légende et il faudrait des mois pour explorer et admirer tous ces vestiges du moyen-âge. Je suis forcé de me borner, naturellement, à donner des aperçus des grands centres et à redire aux lecteurs de *La Patrie* ce qu'ils ont probablement appris comme moi, en étudiant l'histoire et la géographie de la France. La rapidité et les fatigues de voyage m'empêchent de faire plus et de faire mieux, et je demande encore une fois l'indulgence de mes lecteurs pour le décousu de mes lettres de voyage, qui sont pour la plupart, écrites à la lumière d'une malheureuse bougie, dans une chambre d'hôtel. Le gaz ne sert ici que pour l'éclairage des rues et le plus grand hôtel de France n'éclaire encore ses pensionnaires qu'à la *chandelle*. Un Américain ou un Canadien s'y habitue difficilement.

Je me rends à St. Hippolyte-du-Fort, en passant par Nîmes et ma prochaine lettre vous sera adressée du pays des *Camisards*, en pleines Cévennes, où se refugièrent jadis les Huguenots contre les persécutions des rois de France.

HUITIÈME LETTRE

St. Hippolyte-du-Fort, 4 déc. 1888.

Depuis ma dernière lettre, j'ai visité Nîmes et Montpellier, deux des plus intéressantes villes du midi de la France et je vais tâcher, tout en suivant Faucher de St. Maurice qui m'a précédé ici de quelque mois, de ne pas tomber dans des redites qui pourraient manquer d'intérêt. Il est cependant probable que les lecteurs de *La Patrie* n'ont pas lu les correspondances de Faucher adressées au *Canadien* de Québec, et je vais pouvoir procéder sans trop d'embarras. Occupons-nous d'abord de Nîmes qui est une ville de 64,000 habitants, chef-lieu du département du Gard et siège d'un évêché et d'un consistoire calviniste. C'est un centre industriel très-important, surtout pour les soieries, et qui fait un grand commerce de vins et de spiritueux. L'histoire de Nîmes est fort ancienne ; elle se soumit aux Romains l'an 121 avant Jésus-Christ. Les trois-quarts de ses habitants ayant embrassé le calvinisme, elle eut beaucoup à souffrir des guerres de religion. Nîmes est la patrie de Nicot qui introduisit le tabac en France. Voilà pour l'histoire, et nous allons maintenant nous occuper du pittoresque, de l'antique, en commençant par les Arènes qui forment un amphithéâtre antique avec un ellipse de 133 m. 38 sur 101 m. 40 de diamètre et ayant une hauteur de 22 mètres. C'est donc un énorme cirque dans le même genre, mais mieux conservé à l'extérieur, que le Colisée de Rome. Ces arènes sont construites en pierre de 8 à 10 pieds cubes, parfaitement ajustées sans mortier, comme d'ailleurs tous les grands édifices grecs et romains de grand appareil.

L'extérieur présente deux étages de 60 arcades, le premier avec de gros contreforts carrés, le second avec des colonnes doriques. Au-dessus règne un attique avec 120 consoles percées de trous dans lesquels étaient engagés les mâts de l'immense voile dont on couvrait l'amphithéâtre les jours de pluie ou de grand soleil.

Il y avait quatre portes extérieures, aux extrémités des axes. Le massif des constructions mesure 33 m. 38 d'épaisseur. Il y avait 35 rangs de gradins, divisés en quatre précinctions, la première destinée aux dignitaires, la seconde aux chevaliers, la troisième aux plébéiens et la quatrième aux esclaves. 24,000 personnes pouvaient y prendre place ; 124 vomitoires permettaient de les évacuer en quelques minutes. Les gradins et les couloirs sont construits de façon à laisser écouler facilement les eaux de pluie, recueillies dans le bas par un aqueduc, qui servait au besoin à inonder l'arène pour des naumachies. On n'a pas dû y donner de combats de bêtes féroces, car le podium est peu élevé. Aujourd'hui, on y donne de nouveau des courses de taureaux, comme aux Arènes d'Arles. La construction de ces Arènes remonte aussi au Ier ou au IIe siècles de notre ère, et elles furent également transformées en forteresse au moyen-âge, puis envahies par des habitations, dont elles ne furent débarrassées qu'en 1809.

Le vieux gardien qui nous sert de conducteur et qui nous donne tous ces détails est un des types les mieux réussis que je connaisse, et il se croit franchement propriétaire de ce superbe spécimen de construction romaine des premiers siècles de l'ère chrétienne. Il dit volontiers : *mes arènes*, et il a fini par le croire. Dans tous les cas c'est un des guides les plus intelligents que j'ai encore rencontrés.

Nous passons maintenant à la Maison Carrée qui est un des plus beaux temples romains qui existent encore, et des mieux conservés. Elle forme un parallélogramme de 25 m. 13 de longueur, 12 m. 29 de largeur et autant de hauteur, avec 30 colonnes corinthiennes, dont 20 engagées dans les murs de la cella. C'est donc un temple pseudopériptère, prostyle et hexastyle ou ayant seulement sur la façade un portique de six colonnes. On y monte par un escalier de 15 degrés. Les colonnes sont cannelées et couronnées de chapiteaux d'un travail admirable. L'entablement est d'une grande richesse, mais d'un goût exquis, comme le reste. On n'a pu déterminer absolument à qui fut dédié ce temple ni à quelle époque il fut construit ; on l'a d'abord supposé du temps d'Auguste, mais il est plutôt, à en juger par le style, du temps des Antonins, c'est-à-dire, du IIe siècle. Il était probablement sur le forum, et il en aura formé l'enceinte avec d'autres édifices, dont on a retrouvé les fondations. Après avoir servi successivement d'église, de maison consulaire, de magasin, de remise et d'écurie, ce magnifique monument, bien restauré, est transformé en musée lapidaire, qui est fort intéressant à étudier.

Le jardin de la fontaine est une superbe promenade à l'extrémité du vaste boulevard de la République, qui a été dessiné et décoré dans le goût du XVIIIe siècle et qui doit son nom à la fontaine de Nîmes construite sur des fondements antiques. Ce sont d'anciens bains romains d'une grande beauté et dont on se ferait difficilement une idée sans les voir.

Le temple de Diane, près de la fontaine, est petit et fut probablement plutôt un *nymphée* dépendant des thermes, dont on voit à côté quelques restes. La façade présente encore trois arcades. L'intérieur se compose d'une grande salle et de deux couloirs, la salle ayant une voûte, en partie écroulée, et des niches, qui ont dû renfermer des statues. On y a placé des sculptures et des antiquités trouvées sur place. Des restes de constructions situés derrière passent pour ceux du réservoir de l'aqueduc.

Derrière la fontaine s'élève une colline, le

Mont-Cavalier, ayant 114 mètres de hauteur, avec des allées formant une agréable promenade.

La Tour Magne qui en occupe le sommet, est une ruine romaine imposante, de forme octagone, ayant encore 28 mètres de haut. C'était probablement un mausolée ; mais on a voulu aussi y voir un trésor public, un fanal, une tour à signaux, etc. Elle a été comprise dans les remparts sous les Romains. Il y a un escalier par lequel on peut monter au sommet pour jouir de la vue, qui est magnifique, et on aperçoit de là un superbe panorama des montagnes environnantes.

La cathédrale St. Castor passe pour avoir été construite sur les ruines d'un temple d'Auguste, mais elle a été plusieurs fois réédifiée et restaurée. La façade présente une frise très curieuse. L'intérieur, nouvellement restauré, se compose d'une large nef romane, ayant sur les côtés, entre les piliers, de petites chapelles, sans fenêtres, comme on en voit beaucoup dans les églises de ces contrées, et au-dessus, de belles tribunes qui font même le tour du chœur. St. Castor est richement décoré de peintures modernes.

Voilà pour Nîmes qui, par ses monuments

antiques, mérite certainement d'être visitée par tous ceux qui se rendent dans le midi de la France.

Nous continuons sur Montpellier qui, pour être d'une origine moins ancienne, est certainement une des plus jolies villes de France.

C'est une ville de 56,000 habitants, le chef-lieu du département de l'Héreault et du XVIe corps d'armée, sur une colline au pied de laquelle coule le Lez et d'où l'on a une belle vue. Son origine ne remonte guère au delà de 737 ou de la destruction de Maguelone par Charles Martel, et sa prospérité date seulement du XIIe siècle, où fut créée son école de médecine, encore célèbre. L'évêché de Maguelone y fut transféré en 1536. Le calvinisme y forme un parti puissant, et Louis XIII l'assiégea et s'en empara en 1622. Elle revint bientôt à son ancienne prospérité, mais l'industrie et le commerce ne s'y sont pas développés de nos jours au même degré que dans les grandes villes voisines. Il y a une académie universitaire très en renom en France et qui a produit des hommes célèbres.

La faculté de médecine est un monument remarquable. On voit à l'entrée les statues en bronze de deux médecins célèbres originaires de Montpellier, la Peyronie (1678-1747) et Barthez (1734-1806), par Gumery et par Lami. L'école possède un musée anatomique, une bibliothèque de 50,000 vol. avec 600 manuscrits et une collection de 300 dessins. Le siège du professeur, dans le grand amphithéâtre, provient des Arènes de Nîmes, et l'on prétend que c'était le trône de l'empereur, qui présidait aux combats des gladiateurs et aux autres fêtes publiques. Il y a aussi une antique dans la salle de réception, un buste d'Hippocrate en bronze. La salle du conseil et une salle voisine renferment des portraits de professeurs depuis 1239. Derrière la Faculté est un nouveau laboratoire de chimie. Montpellier a aussi une école de droit, depuis 1160, une école de pharmacie, etc.

La cathédrale a été fondé au XIVe siècle, mais en partie reconstruite après les guerres de religion, restaurée et agrandie de nos jours. Elle a un grand porche original, mais disgracieux, dont la voûte est très élevée et soutenue en avant par deux espèces de tourelles rondes. La façade a en outre deux tours, et il y en a deux au transept, l'une d'elle reconstruite en 1856. L'intérieur se compose d'une belle et large nef, de chapelles latérales entre les piliers, comme à la cathédrale de Nîmes, et d'un beau chœur moderne. On y remarque particulièrement, dans la quatrième chapelle de gauche, une vierge en marbre, par Santarelli, élève de Canova.

Le Peyrou, dans le haut de la ville, est une belle promenade datant des XVIIe et XVIIIe siècles. Elle est précédée de la Porte du Peyrou, arc de triomphe dorique érigé en 1712 en l'honneur de Louis XIV, par d'Aviler, d'après d'Orbay. Les bas-reliefs rappellent les victoires de Louis XIV, l'union de la Méditerranée avec l'Atlantique par le canal du Midi et la révocation de l'édit de Nantes. Des deux côtés de la grande grille du Peyrou, deux groupes exécutés depuis peu, l'Amour domptant un lion et l'Amour victorieux, en pierre, par D. Enjalbert. Au milieu de la promenade s'élève une belle statue équestre de Louis XIV, en bronze, par Debay et Carbonneau (1829). A l'extrémité, un château d'eau monumental, qui a la forme d'un pavillon hexagone, avec une porte à chaque face et des colonnes corinthiennes. Il est alimenté par un bel aqueduc qui amène l'eau d'une distance de 14 kilomètres et se termine au Peyrou par une double rangée d'arcades superposées, de plus d'un kilomètre de long et 21 m. 50 de haut.

Le musée Fabre, du nom de son fondateur, est très important, mais je n'ai eu que le temps de traverser les salles pour venir ensuite accepter la cordiale hospitalité du beau-père de notre concitoyen, M. Beullac, de Montréal, qui m'avait donné des lettres pour Montpellier. On a le cœur chaud comme la tête, dans le Midi, et c'est avec peine que je m'arrachai aux instances de M. Farrouch qui voulait absolument nous garder pour quelques jours. Je lui promis de revenir le voir au printemps, à mon retour d'Espagne, et j'ai bien l'intention de tenir ma promesse, puisque je laisserai ma fillette au pensionnat, à St. Hippolyte-du-Fort, sous la protection de Mme Chartrand, l'épouse du lieutenant Chartrand, instructeur à l'école militaire de cette ville.

J'ai bien un peu fait un cours de géographie et d'histoire dans la présente lettre, mais je me rattraperai dans ma prochaine en vous parlant de choses plus personnelles. Mes lecteurs doivent d'ailleurs s'attendre à des descriptions géographiques dans le cours du voyage à toute vapeur que j'entreprends à travers l'Italie, la Sicile, Malte, la Tunisie, l'Algérie, le Maroc et l'Espagne. Je consulte tout ; traités de géographie, d'histoire, encyclopédies et guides de voyage, et je tâche d'en extraire les détails les plus importants et les plus frappants que je sers chaque semaine aux lecteurs de *La Patrie*.

NEUVIÈME LETTRE

St. Hippolyte-du-Fort, 6 déc. 1888.

Le train nous emporte vers les Cévennes, boulevards des guerres de religion, théâtres antiques des terribles faits d'armes de Jean Cavalier, le redoutable chef des Camisards.

Il fait nuit et les deux heures du trajet sont dépensées en causeries intimes avec Chartrand, qui ravive ses souvenirs du Canada. Dans le roulement monotone du train qui fuit, nos voix évoquent les vieux amis d'antan, les douces émotions du passé, les joies et tristesses de la vie, avec les espérances de l'avenir. Nos deux communes patries, la France et le Canada, font vibrer nos âmes à l'unisson, nos cœurs sonnent la note patriotique dans nos poitrines, et il était temps que le train s'arrêtât à St. Hippolyte, car je crois que nous allions pleurer.

Sur le quai, nous reçoit la famille de notre ami : deux dames et une fillette de quatre ans. On nous tend les bras avec une effusion toute méridionale et dix minutes après, nous étions installés autour d'une grande table en train de boire un thé bien chaud, tout comme dans les pays du Nord.

Chartrand habite une grande maison que la légende dit avoir appartenu à la famille des de Lapérouse. Les espaces n'ont pas été ménagés, les couloirs sont immenses, le corridor d'un aspect grandiose, les chambres, vastes, bien aérées, hautes de plafond avec des cheminées monumentales, de grandes croisées à petits carreaux antiques, des caissons ornementés de dessins en relief, de vieilles cimaises en bois sculpté avec un carrellement en briques comme dans toutes les constructions méridionales. L'aspect froid de ces parquets en briques fait un constraste frappant avec les planchers capitonnés de nos maisons canadiennes. Cela nous rappelle qu'ici nous sommes outillés contre la chaleur tandis que chez nous nous avons surtout à lutter contre le froid dans la construction et l'installation de nos demeures.

Un pétillant feu de cheminée égaie notre

première nuit sous le toit de notre ami et nous nous endormons tous, bercés par le crépitement du chêne qui éclate sous l'action des flammes.

Le lendemain, je fus brusquement réveillé par les sons tridents d'une trompette embouchée par un gaillard aux puissants poumons. Bientôt après j'entendais une voix de stentor, monotone et chantante, annoncer au public l'arrivée sur place de belles anguilles, fraîches, grosses et à bon marché.

J'accours à la croisée et je vois mon crieur public déployer un autre papier et faire part ensuite pompeusement à la population de la venue d'un marchand ambulant, qui conviait les habitants à venir profiter du bon marché de son déballage.

Je me crus transporté en plein moyen-âge au temps des crieurs public, des héraults d'armes, des hommes du guet proclamant l'heure du couvre feu.

Son boniment terminé, le crieur s'éloigne pour s'arrêter à cent pas plus loin, au coin d'une petite ruelle et recommencer son annonce.

J'appris que cette coutume existe encore dans presque toute la région du midi. Ici, le crieur sonne une cloche avant de parler, là, c'est le tambour qu'il bat, ailleurs, il agite une crécelle. Ces mœurs antiques me frappèrent et vinrent jeter une note diverse dans mon esprit d'américain, habitué aux modernités dans les affaires.

Un beau soleil — un vrai soleil de septembre — chez nous — éclairait la petite ville de St. Hippolyte, quand nous sortîmes pour faire une promenade matinale.

Je fus quelque peu étonné de l'aspect des constructions, du tortueux des rues, des couloirs étroits, sinueux, accidentés çà et là de saillies en pierres, d'arcades massives traversant au-dessus de nos têtes à hauteur des premiers étages, de recoins sombres donnant sur des voûtes mystérieuses, des balcons faits d'une seule dalle avec des grillages en fer forgé, vieux de plusieurs siècles. C'est une orgie de fer et de pierre.

Un numéro très élevé inscrit au-dessus d'une porte attira mon attention, et on m'apprit, que les maisons de la ville, au lieu d'être numérotées par rue comme cela se pratique partout, portent au contraire un numéro spécial et unique, selon une seule série pour toute la ville. Ce numérotage fut, dit-on, institué durant les guerres de religion, au temps où les rues ne portaient pas encore de noms, pour permettre plus facilement les recherches dans les maisons suspectes.

St. Hippolyte-du-Fort est une ancienne forteresse construite d'après le système de fortification de Vauban. Bâtie au confluent de deux petites rivières, le Vidourle et l'Argentesse, elle commande un nœud important de neuf routes carrossables qui convergent dans ses murs. On voit encore de nombreux vestiges de ses anciennes fortifications, entre autres une immense tour ronde, qui sert actuellement d'écurie à l'âne du préposé à l'octroi. Trois de ses faces avaient pour fossés le lit des deux rivières, et la quatrième face était adossée à une montagne infranchissable.

Le réduit central existe encore avec des vestiges de pont-lévis, des meurtrières partout, des machicoulis sur tout le pourtour des crêtes crênelées des murs d'enceinte. Cette vieille construction donne à rêver, et m'approchant je vis de joyeux enfants, baignés de soleil, qui jouaient dans les fossés à sec. C'étaient les bébés des bons gendarmes qui habitent tranquillement ce vieux repaire des soudards, des reîtres grossiers et sanguinaires, qui sont venus souiller notre histoire nationale dans les malheureuses guerres de religion.

Les environs de la ville sont très mouvementés. De tous côtés, l'œil se repose sur des montagnes arides, soulèvements informes de roches grises, découpées et dentelées à leur sommets, présentant une tapisserie brune que festonne le bleu pâle du ciel pur du Midi.

Des ruines altières se profilent encore sur les crêtes. Ce sont les derniers vestiges des châteaux-forts, vrais nids d'aigles, habités par des roitelets pillards qui fondaient dans la plaine et rançonnaient sans façon les paisibles caravanes du menu peuple.

Le pays est ici divisé ,en deux clans bien marqués, les catholiques et les protestants. On vit en assez bonne intelligence, mais les haines sont encore vivaces et il suffit d'une étincelle pour les raviver et leur donner un ton agressif, qui, aux époques troublées, amène parfois l'effusion du sang.

Le curé doyen de St. Hippolyte-du-Fort est un brave homme, très estimé des deux partis, intraitable sur la question de principe, d'une certaine rudesse d'apparence, mais très charitable, désintéressé, d'une sobriété extrême, n'ayant rien à lui, tout pour ses pauvres. Il implore les riches avec autorité et trouve moyen avec une poignée de fidèles de faire des œuvres de charité remarquables. Il donne aux malheureux avec délicatesse, sauvegarde leur dignité dans ses aumônes — vertu très rare dans un pays où la vanité personnelle joue un si grand rôle.

Je me proposais d'aller faire visite à cet honnête homme et j'en fus empêché par des circonstances indépendantes de ma volonté, mais j'irai certainement lui présenter mes respects à mon retour au printemps. Je tiens à rendre hommage et à serrer la main à un si bon prêtre, qui a su dans un pays aussi divisé, s'attirer l'estime de tout le monde.

En rentrant, nous trouvons des invitations à dîner chez le commandant Stoëckel, de l'école militaire. J'allais ainsi renouer une vieille connaissance ébauchée en 1886, à Paris, lors de mon précédent voyage.

Le lendemain soir, une partie du personnel militaire et civil de l'école se trouvait réunie autour d'une table somptueusement servie. La fanfare des élèves de l'école jouait pendant le repas. Le menu du dîner et le programme de la musique avaient été dessinés pour la circonstance, par le professeur de l'école, et au salon, après dîner, les jeunes gens nous chantèrent les joyeusetés du jour, les musiciens nous jouèrent des morceaux de leur composition et la soirée se termina gaiement.

J'examinais le commandant Stoëckel. C'est un homme dans la quarantaine, d'une forte stature, une tête énergique assise sur des épaules vigoureuses, une figure caractéristique avec des yeux vifs et intelligents. Engagé volontaire à dix-huit ans, il était capitaine et décoré huit ans après. La guerre de 1870 l'a certainement favorisé, mais il a hardiment payé de sa personne. Blessé, fait prisonnier de guerre, il parvint à s'échapper des mains de l'ennemi, et reprit du service. On ne tarda pas à le nommer capitaine et à le décorer. Il avait vingt-six ans. Plein d'ardeur, toujours actif, le premier aux endroits dangereux, il justifia amplement le brillant avancement et les faveurs qu'il reçut du Gouvernement de la Défense Nationale. Pendant quinze ans, il resta capitaine et en 1886, le Ministre de la guerre, alors le Général Boulanger, l'appelait au commandement d'une des écoles militaires préparatoires en voie de création. Il donnait ainsi un poste important à un homme d'élite. Ce qui m'étonne, comme étranger, c'est de voir que cet officier distingué n'ait pas encore reçu la rosette de la Légion d'honneur. Je sais qu'il est proposé pour cette haute distinction et j'espère que le gouvernement français ne lui fera pas longtemps attendre une récompense si bien méritée.

Le lendemain de nouvelles invitations nous convoquaient à déjeuner chez le maire, Monsieur Clauzel de St. Martin-Valogne. Inutile de dire que la chère était excellente, le service bien fait. Monsieur le maire nous reçut dans sa magnifique habitation, grande et vaste, avec terrasses et parterres en fleurs.

Monsieur Clauzel de St. Martin-Valogne, outre ses fonctions de maire, remplit aussi le mandat de conseiller général de son département. Son nom est intimement lié à la création des Ecoles Militaires préparatoires en France. Ayant pris connaissance des décrets qui prescrivaient l'établissement de six de ces écoles sur le territoire français, il conçut de suite le projet d'en avoir une dans la ville de St. Hippolyte-du-Fort, qui ne compte guère plus de 4,000 habitants. C'est dire que la tâche était des plus difficiles. Après une lutte acharnée à la suite de difficultés sans nombre, il fut assez heureux pour faire accepter par le gouvernement un immense terrain sur lequel était construit une magnifique école ; le tout, don de la ville qui s'était imposée pour la somme considérable de $120,000. Il faut dire encore que Monsieur Clauzel de St. Martin-Valogne avait à lutter contre des difficultés intestines et des rivalités du dehors. Plusieurs municipalités avaient également fait des offres analogues à l'Etat. Au jour de l'inauguration, qui fut faite par un membre du gouvernement, le maire de St. Hippolyte pouvait légitimement espérer que le gouvernement saurait loyalement reconnaître les services qu'il avait rendus. Il n'en fut malheureusement pas ainsi et nous croyons cependant que l'Etat ne tardera guère à recompenser le dévouement d'un homme, qui a consacré quatre ans de sa vie et ses deniers à mener à bonne fin une œuvre appelée à rendre de si grands services à l'armée.

Nous passâmes des heures bien charmantes dans la famille de Monsieur Clauzel. La mère, vieille dame aux allures de noble douairière d'antan, la parole facile, instruite, gracieuse et bien renseignée nous fit les honneurs de sa maison avec une simplicité de bon ton. Aidée par la jeune madame Clauzel, femme de cœur et d'esprit, elle nous fit admirer toutes les antiquités que renferme leur superbe manoir; et en prenant congé de ces aimables personnes, dont l'hospitalité avait été si cordiale, nous éprouvions un sentiment de profond regret de ne pouvoir rester plus longtemps.

DIXIÈME LETTRE

St. Hippolyte-du-Fort, 6 déc. 1888.

Le lendemain, libre de tout engagement, je consacrai ma soirée à Chartrand, et nous taillâmes ensemble une de ces causeries intimes qui réconfortent l'âme après une longue séparation. Il me fit part de ses travaux, de ses projets et de ses espérances. Et vraiment je fus heureux de le voir si plein d'ardeur et de vie.

Chartrand, dans l'armée française, jouit non seulement d'une excellente réputation, mais il est en outre coté à juste titre comme un des officiers les plus distingués de son grade. Instruit, intelligent, doué d'une santé de fer et d'une force herculéenne, il est tout-à-fait le type du parfait militaire. Incapable de rester oisif un instant, depuis six ans il utilise ses loisirs en s'occupant de littérature. Nos lecteurs de *La Patrie* en savent quelque chose, et je suis heureux de prédire que Chartrand augmentera la renommée littéraire dont il jouit déjà en France, et saura sans nul doute parvenir au premier rang. Il a une quantité de travaux en marche, un livre en impression qui paraîtra en janvier prochain. Il est collaborateur actif de plusieurs journaux et revues militaires.

Dans quelques mois il sera membre de la société des gens de lettres de France, et Jules Claretie qui ne manque jamais une occasion d'être agréable à nos compatriotes s'est gracieusement offert pour être son premier parrain.

Notre ami est également lié avec une foule d'hommes de lettres comme Francisque Sarcey, le grand critique, qui l'apprécie beaucoup et entretient avec lui des échanges d'appréciations générales sur les grands événements du jour. Personne n'ignore que nos littérateurs canadiens tiennent Chartrand en haute estime. Ses causeries humoristiques militaires, ses écrits sur l'armée française, ses lettres sur la politique française et européenne dénotent chez lui un esprit supérieur, sans préjugés, qui sait maintenir la note juste et pleine de tact dans ses appréciations sur toutes choses.

Fréchette, avant mon départ du Canada, m'en parlait d'une manière flatteuse, Faucher de St. Maurice l'estime beaucoup comme militaire et écrivain, MM. l'abbé Casgrain et Paul de Cazes ont également beaucoup d'amitié pour lui ; Buies aussi est très lié avec lui et le considère à sa juste valeur. J'en passe bien d'autres.

Je suis heureux de rendre ici publiquement hommage à un de nos compatriotes qui est parvenu à faire sa trouée en France, dans l'armée et dans les lettres. Arrivé seul, sans fortune, sans protection, il s'engage à vingt-quatre ans à la légion étrangère. Pendant cinq ans, on n'entendit pas parler de lui, il faisait fièrement son rude métier de soldat dans les déserts d'Afrique, sans demander rien à personne. Soudain nous apprenons qu'il est élève-officier à l'Ecole Militaire de St. Maizent. J'eus alors le plaisir de le recommander au général Boulanger, lequel fut heureux de pouvoir rendre service à notre ami qui s'était rendu digne de toute sa sollicitude par sa bonne conduite et son aptitude militaire. Une fois lancé, Chartrand ne s'arrête plus. Il continue à travailler avec ardeur, il épouse une charmant femme, se crée une famille et le voilà lieutenant, proposé pour capitaine et pour la croix de la Légion d'honneur.

Nous applaudissons de tout cœur aux succès de notre compatriote.

Une chose lui touche au cœur dans le moment. Il a la nostalgie du pays et il attend avec impatience l'instant où il pourra aller embrasser les siens et passer quelques mois avec tous les amis qu'il a quittés là-bas, sur la terre canadienne. Et puis Chartrand, comme le plus grand nombre de nous tous, n'avait pas de fortune à ses débuts, et dans l'armée, on a de la gloire mais on n'améliore guère sa position matérielle. Le voilà déjà à la tête d'une famille assez nombreuse et il voudrait pouvoir ajouter quelques revenus à sa maigre solde. Voilà l'occasion pour notre gouvernement provincial de rendre service à un de nos compatriotes qui nous fait honneur à l'étranger. Il ne demande pas une subvention gratuite, il voudrait mériter loyalement une rémunération quelconque qui lui permettrait de soutenir honorablement la position sociale qu'il occupe. Il écrit des livres qui ont du succès en France ; ces livres sont moraux, peuvent être placés dans toutes les mains.

Pourquoi le gouvernement de Québec ne prendrait-il pas chaque année pour quelques centaines de piastres des ouvrages de notre ami ? Cela serait un encouragement et une bonne œuvre. Il est possible que ses ouvrages soient peu propres à être donnés en prix dans les écoles, mais on pourrait les épurer en les réimprimant au Canada, ou bien encore il serait loisible de les distribuer dans les bibliothèques publiques.

L'honorable M. Mercier, MM. Paul de Cazes, l'abbé Casgrain, Faucher de St. Maurice et Fréchette ont promis leur concours à Chartrand. L'honorable secrétaire provincial lui a même écrit pour lui demander cent exemplaires de l'un de ces ouvrages. Il ne faut pas s'arrêter à mi-chemin. Assurons à notre compatriote les moyens annuels d'améliorer sa situation, et nous lui donnerons ainsi des armes pour continuer à travailler, à lutter et à nous faire honneur en France.

D'ailleurs ce n'est pas un ami politique qu'il s'agit ici d'aider, c'est un Français et un Canadien, qui professe pour sa patrie d'origine un amour égale à celui qu'il porte à la France.

Le commandant Stoëckel fut assez aimable pour m'inviter à visiter son école dans tous ses détails et assister aux divers travaux de la journée. Je me contenterai de vous donner ici un léger aperçu du fonctionnement de l'école. Notre ami Faucher de St. Maurice, qui est venu à St. Hippolyte en a déjà donné la primeur aux lecteurs canadiens et je laisse le soin à Chartrand de vous fournir dans *La Patrie*, au cours de ses causeries militaires, de plus amples développements techniques.

En entrant dans l'immense cour de manœuvre, je vis tous les élèves, cinq cents, massés en carré au centre. Quand nous fûmes installés sur une terrasse dominante, le commandant donna le signal des exercices, et un instructeur fit un commandement bref. A l'instant, tous se précipitèrent à leur poste, et quelques moments après la cour était complètement couverte d'élèves distancés de trois pas les uns des autres. Ce mouvement se fit avec une justesse et une précision merveilleuses. Tous ces enfants de treize à dix-huit ans, avec leurs pantalons rouges et leurs vestons bleus foncés présentaient un spectacle admirable dans leur immobilité, dans la correction de leur tenue, dans la rectitude de leur alignement.

Un commandement se fait entendre de nouveau et des milliers de bras partent en cadence et exécutent admirablement toute la série des exercices d'assouplissement; après vient la boxe, puis le bâton, enfin l'assaut entre les plus forts.

J'étais enthousiasmé et j'applaudissais à tout rompre. J'aurais voulu voir à mes côtés quelques-uns de ces dénigreurs systématiques de toutes choses qui touchent de près à l'armée française. Ils auraient vu ici la plus belle preuve de la vitalité, de la force morale et physique du peuple français. C'était un spectacle vraiment réconfortant pour un ami de la France de voir tous ces jeunes gens, l'espoir de l'avenir, manœuvrer avec cette précision, ce nerf qui font augurer pour plus tard des hommes forts et vigoureux.

Mais je n'avais pas fini d'admirer. Cette manœuvre terminée, on conduisit les élèves au gymnase. Ici, je n'ai plus de termes pour qualifier mon admiration. Je me croyais au cirque. Et pour me prouver qu'on ne me montrait pas les plus agiles et les plus forts, on massa tous les élèves en face des agrès, et chacun, individuellement, dut exécuter une manœuvre quelconque.

A l'escrime, même précision, même légèreté, même adresse. Ces petits bons hommes, haut comme une botte, luttaient les uns contre les autres avec une ardeur endiablée, s'attaquant avec une vivacité, parant avec prestesse, annonçant les coups avec loyauté. C'était un bruit strident de fer qui se froisse, d'épées qui se choquent ; en sortant de la salle d'armes, j'en étais tout ému.

Après une petite tournée de visite dans les magasins, le commandant me conduisit encore sur la terrasse au pied de laquelle toute l'école était alignée sur deux rangs. Les élèves de 17 et 18 ans avaient les armes, et on me prévint que l'officier de semaine allait faire défiler comme cela se pratique à l'exercice de chaque jour.

L'officier de semaine, un jeune lieutenant prend le commandement d'une voir claire et vibrante. Je me sentis remué en l'entendant commander. Petit de taille, large d'épaules et de poitrine, correct dans son attitude, c'était bien là le type de l'officier français. D'ailleurs, les huit officiers qui composent l'école doivent tous être des hommes choisis, car j'ai rarement vu un si bel ensemble de forces physiques et intellectuelles.

A la voix de l'officier, les élèves se forment en colonne à distance entière, se massent sur une des faces de la cour, et musique, tambours et clairons en tête, le défilé commence. On joue la marche du 3e zouaves, ancien régiment du commandant et de Chartrand. Les sections, alignées au cordeau, passent devant nous la tête haute, et les derniers, âgés de 13 ans, défilent sans armes avec une correction d'alignement digne de leurs aînés.

J'en avais des larmes aux yeux, et là je compris toute la force de la France. Jamais dans aucune revue militaire, je n'ai vu plus parfait défilé. Je félicitai le commandant de ce beau résultat, et je comprenais alors pourquoi le gouvernement avait appelé cet officier d'élite à la tête de cette école. Plus beau commandement ne pouvait être confié à un homme plus digne, capable de remplir mieux la noble et belle mission de dresser la jeunesse française au dur métier des armes.

De là, on nous fit visiter les chambres. Chaque dortoir contient une quarantaine de lits bien alignés, propres, avec les effets de chaque élève pliés soigneusement sur des étagères. L'air circule librement, les croisées sont grandes, tout respire la propreté et le bon ordre. Les réfectoires sont également très bien aménagés. Là comme partout, j'ai pu me rendre compte de la bonne direction donné au fonctionnement de tous les services, et du zèle que tous apportent à chaque degré de la hiérarchie, à bien exécuter les ordres et accomplir soigneusement leur devoir.

En sortant de l'école, on me montra le fameux fusil Lebel, à répétition et à petit calibre. On me donna certaines explications techniques sur sa justesse, sa simplicité, sa légèreté, et sa force balistique. Je laisse encore à Chartrand, qui s'est fait une spécialité de l'étude des armes, le soin de vous donner des détails précis sur ce fusil avec lequel on fera probablement la prochaine guerre.

Au Cercle, quelques instants après, en compagnie de tout le personnel civil et militaire, nous vidions une coupe ensemble à la gloire et à la prospérité de la France.

J'eus là, pour quelques moments, l'occasion de lier intime connaissance avec tous ces messieurs de l'enseignement pédagogique, et je pus me convaincre que tous les jeunes professeurs, cédés par le ministre de l'Instruction

Publique pour venir enseigner dans les Ecoles militaires étaient des hommes choisis. Un, entr'autres, M. Desclaux, le professeur principal, que j'avais eu l'occasion de connaître intimement chez Chartrand, me frappa par la profondeur de ses vues et la hauteur de ses aperçus. Et voilà encore un homme qui attend depuis de longues années une récompense bien méritée et pour laquelle il est proposé. Il est dans l'enseignement militaire depuis près de dix ans, et les Inspecteurs-Généraux qui se succèdent annuellement le proposent pour les palmes académiques. Espérons que le gouvernement ne fera pas attendre longtemps une décoration qui ne saurait être mieux placée.

Enfin le temps passe et il faut se séparer. Je serre la main à Chartrand et j'embrasse sa femme et ses enfants. Je m'installe dans un compartiment, en route pour Arles, en emportant avec moi le souvenir d'une cordiale hospitalité et de bien bons moments passés en excellente compagnie.

Je conseille à tous les Canadiens qui voyagent en France, de pousser une pointe à St. Hippolyte-du-Fort, dans le Gard. Ils trouveront là un compatriote dont les bras sont toujours grands ouverts, la maison et la famille hospitalières, et un petit noyau d'amis qui leur feront passer de bien bons moments.

ONZIÈME LETTRE

Nice, 8 décembre 1888.

Nous quittons St. Hippolyte par un temps superbe et cette fois pour un voyage continu de trois mois. Nous nous arrêtons d'abord à Arles, ancienne colonie romaine et aujourd'hui chef-lieu d'arrondissement du département des Bouches-du-Rhône, avec une population de 25,000 habitants. Les Arlésiennes passent pour les plus belles femmes du monde, mais je dois avouer qu'on ne s'en douterait guère, s'il fallait en juger par celles que l'on rencontre dans les rues. Probablement qu'on conserve les plus belles dans les maisons afin que les étrangers soient forcés de se contenter d'admirer celles qui ne le sont pas. La ville d'Arles est une des plus curieuses à visiter à cause de ses anciens édifices. Il y a les fragments de la façade des Thermes ; les vestiges de l'ancien Palais de Constantin ; les ruines de fortifications et d'aqueducs ; les restes du Théâtre antique, moins bien conservé que celui d'Orange ; l'Amphithéâtre construit par Tibère Neron, 43 ans avant Jésus-Christ, moins bien conservé que celui de Nîmes mais plus grand ; l'Obélisque, taillé par les Romains dans le granit des Alpes du Mont-Esterel, et relevé en 1676. L'Eglise de St. Trophime présente un portail du XIIIe siècle regardé comme un chef-d'œuvre d'architecture et de sculpture. Notre-Dame-la-Majeure offre aussi des parties intéressantes. L'Hôtel-de-ville a été dessiné par Mansard, mais sa tour remonte au XVIe siècle. On voit encore beaucoup de maisons de la Renaissance. Le Musée renferme de grandes richesses archéologiques, entre autres un autel dedié à Cybèle et un groupe de *Médée égorgeant ses enfants*. Il y a de fort belles promenades ; l'une d'elles, les Alyscamps, a été tracée sur une ancienne Nécropole. Le viaduc d'Arles est un remarquable ouvrage, long de 769 mètres et composé de trente-deux arches. Le canal St. Louis assure à la ville, en la rejoignant à la Méditerranée une bonne position commerciale.

Nous filons sur Marseille où nous arrivons à temps pour apercevoir la grande ville maritime par un superbe coucher du soleil qui dore la colossale statue de la Ste. Vierge qui surmonte la haute tour de Notre-Dame-de-la-Garde.

Fondée depuis près de 26 siècles, premier marché commercial de la Méditerranée et troisième ville de la France par l'importance de sa population s'élevant à 360,099 habitants, Marseille a reçu une transformation complète par la création du port de Joliette, des bassins de Lazaret, d'Arène, de la Gare maritime, du bassin National, et de l'Avant-Port et, surtout, par la construction du canal de la Durance (ayant coûté 60 millions de francs) qui met la ville, tant de siècles privée d'eau potable, au nombre de celles qui en sont le mieux alimentées. Le Vieux-Port entre dans la ville à une profondeur d'environ un kilomètre, sur 400 mètres de largeur. Il ne pouvait contenir que 1,300 navires; le goulet, assez étroit, est défendu par les forts St. Jean, St. Nicolas et par les rochers abrupts du Pharo. La rade, admirable et immense, avec une profondeur d'eau de 30 mètres, se trouve comme fermée, à environ un kilomètre du port, par les îles Ratoneau et de Pomègues, réunies par de puissantes digues qui forment le port du Frioul (port de quarantaines) et par l'îlot portant le fameux Château d'If, construit sous François Ier, illustré par le *Monte Christo* d'Alexandre Dumas, et où fut enfermé Mirabeau. Malgré l'immense développement de tous ces ports, le mouvement maritime se trouve encore à l'étroit, car il entre chaque année de 9 à 10,000 navires amenant un mouvement de près de deux milliards.

Vue du port, la ville s'étage au milieu d'un amphithéâtre de montagnes dont toutes les pentes sont couvertes de charmantes habitations et dont une colline inférieure, de 161 mètres d'élévation, est couronnée par la Basilique de Notre-Dame-de-la-Garde, lieu de grande vénération et immense édifice de style byzantin dont la haute tour, de 45 mètres, aux assises blanches et noires alternantes, porte une statue colossale de la Vierge. De ce point, on jouit d'une vue incomparable sur toute la ville, les ports et la mer. La vieille ville disparaît peu à peu, pendant que des constructions d'un grand caractère s'élèvent rapidement sur des voies nouvelles, larges et droites. Les promenades sont particulièrement d'une grande beauté : la Cannebière, partant du vieux Port et se prolongeant jusqu'aux Allées de Meilhan, par la belle rue de Noailles ; le Prado, unissant le centre de la ville à la mer par une allée de quatre kilomètres plantée d'arbres incomparables et décorée de constructions dignes d'une capitale : le château Borely, qui s'y élève magnifiquement renferme le Musée des Antiques ; le Cours de l'Athenée, où se voit la statue de l'évêque Belzunce dont la conduite fut si noble lors de la terrible peste de 1720 pendant laquelle il mourut plus de 40,000 personnes ; l'incomparable Promenade de la Corniche, longeant pendant sept kilomètres, du Pharo à la plage du Prado, toutes les sinuosités du littoral ; enfin, le jardin zoologique.

Marseille ne possède qu'un très petit nombre de monuments anciens. A peine peut-on citer comme intéressants la Mairie sur le vieux Port, l'ancienne cathédrale de la Major dont il ne reste guère que l'abside du Xe siécle ;

l'église de St. Victor avec ses hautes tours carrées (1350), ses mosaïques et ses peintures murales du XIIe siècle ; Notre-Dame du Mont-Carmel et ses sculptures ; St. Laurent (1219) et son baldaquin en fer ; Notre-Dame-du-Mont et son beau tableau de saint Loup allant au devant d'Attila. Les édifices modernes sont, au contraire, fort beaux et nombreux ; la Cathédrale, en construction, promet d'être grandiose avec ses dômes étagés ; Notre-Dame-de-la-Garde, où le marbre est à profusion ; l'hôtel de la Préfecture, dans le style Renaissance ; le Palais de justice ; le Palais de la Bourse (9 millions) ; l'Arc de Triomphe, décoré de statues et de bas-relief de David d'Angers ; le nouvel Archevêché ; le Château du Pharo ; la Caserne Saint-Charles (5 millions) ; le Grand-Théâtre ; l'Hôtel-Dieu, et par-dessus tout, l'admirable Palais-des-Arts de Longchamp, l'une des œuvres les plus gracieuses de l'architecture moderne, dans un site admirable, avec ses belles constructions converties en musées, sa colonnade à jour, son château d'eau et sa cascade de 20 mètres.

Je n'ai pas besoin de dire ici que je n'ai pas eu le temps, en deux jours, de visiter la ville dans tous ses détails, aussi me suis-je contenté d'une visite d'ensemble afin d'avoir le temps d'aller dire bonjour, en passant, à deux compatriotes établis à Marseille depuis quatorze ans, les deux frères Brodeur, dentistes, autrefois de Varennes, et cousins, je crois, du docteur Brodeur, de Montréal. Ces deux Canadiens-français ont réussi à se créer une grande clientèle et à faire fortune. Ils sont toujours heureux de serrer la main d'un compatriote de passage à Marseille. J'ai aussi rencontré à Marseille, M. Sigismond de Sahune, capitaine au 1er Hussards, qui a visité Montréal, il y a sept ans, en compagnie du général Boulanger et qui conserve le meilleur souvenir du Canada.

J'ai parlé dans ma première lettre de l'importance des grandes compagnies maritimes françaises et j'ai publié en détail, la liste de la flotte de la Compagnie Générale Transatlantique. Afin d'amplifier ce que j'ai déjà dit à ce sujet, je vais publier aujourd'hui la liste complète des steamers de la grande compagnie des Messageries Maritimes, qui a son siège principal à Marseille. Cette compagnie, comme on peut le voir, par la liste qui suit, est probablement la plus grande et la plus importante du monde entier et j'en parle un peu pour ceux de nos compatriotes qui pourraient s'imaginer que la France n'est pas à la hauteur de sa position, dans toutes les mers du monde :

FLOTTE DE LA COMPAGNIE

LIGNE MÉDITERRANÉE ET MER NOIRE

Paquebots	Tonnage	Chev. Vap.
Sindh	3121	2400
Gironde	3058	2400
Sénégal	3555	2400
Tigre	3046	2400
Cambodge	2441	1500
La Seyne	2235	1400
Alphée	1831	1500
Mœris	1745	1300
Saïd	1746	1300
Niemen	1732	1200
Eridan	1149	900
Erymanthe	1957	1400
Tamise	2287	1300
Manche	2287	1300
Guadalquivir	2300	1300
Ebre	1757	1200
Copernic	1593	700
Delta	1203	700

AUSTRALIE, NOUVELLE CALÉDONIE, CÔTE OCCIDENTALE D'AFRIQUE

Paquebots	Tonnage	Chev. Vap.
Océanien	4038	3400
Yarra	4016	3400
Salazie	4037	3400
Sydney	4021	3400
Tanaïs	1733	1200
Peïho	3121	2400
Amazone	3132	2400
Rio-Grande	2600	1600
Mendoza	2600	1600

INDO-CHINE ET ANNEXES

Paquebots	Tonnage	Chev. Vap.
Calédonien	4008	3400
Melbourne	3887	3400
Natal	3828	3400
Saghalien	3822	2400
Oxus	3562	2400
Yang-Tsé	3560	2400
Diemnah	2528	2400
Iraouaddy	3532	2400
Anadyr	3546	2400
Ava	3529	2400
Labourdonnais	1950	1400
Godavéry	1409	1200
Tibre	1711	1400
Volga	1529	1400

COCHINCHINE, SINGAPORE, TONQUIN, MANILLE

Paquebots	Tonnage	Chev.Vap.
Meïnam	1397	1400
Aréthuse	1183	1200
Saïgon	1300	800
Haïphong	1493	1300
Péluse	1743	1300

OCÉAN ATLANTIQUE

	Tonnage	Chev.Vap.
Portugal	5323	5000
Equateur	3724	2400
Orénoque	3705	2400
Congo	3605	2400
Nerthe	3605	2400
Niger	3531	2400
Ortégal	3570	1800
Cordouan	3570	1800
Matapan	3570	1800
Médoc	3570	1800

Chaloupes à Vapeur

	Tonnage	Chev.Vap.
Henriette à Bordeaux	47	30
Flamant à Constantinople	22	75
Hélène à Suez	26	45
Abeille à Aden	50	85
Niçois à Mahé	25	30
Nantaï à Hong-Kong	25	30

Paquebots	Tonnage	Chev. Vap.
Whampoo à Shanghaï	189	200
Mouette à Yokohama	40	35
En Construction		
Australien	6500	6200
Polynésien	6500	6200
Tasmanien	6500	6200
Brésil	6500	5400
Plata	6500	5400
Dordogne	3600	1800
Charente	3600	1800
Adour	3600	1800
Guadiana	2300	1300
Douro	2300	1300
Mpanjaka	2300	450

Est-il besoin d'ajouter des commentaires à l'éloquence de ces chiffres. Non! n'est-ce pas? J'en fais un sujet de méditation pour ceux qui pourraient s'amuser à croire, avec les ennemis de la France, que notre ancienne mère-patrie est en décadence au double point de vue militaire ou maritime. J'ai bien prouvé le contraire par des chiffres irréfutables.

DOUZIÈME LETTRE

—

Turin, 12 déc. 1888.

J'ai reçu une dépêche de J. M. Fortier qui m'annonce son départ pour le Canada où il veut aller passer la Noël dans sa famille. Fortier est un homme d'affaires avant tout et comme il me dit avoir fait de bonnes affaires, à Amsterdam, dans le tabac, il part naturellement pour sa fabrique, au lieu de s'amuser à flâner ici en visitant la cathédrale de Milan, les lagunes de Venise, le Colisée de Rome, les ruines de Pompéï ou de Carthage. Il a peut-être raison, mais je suis bien convaincu de ne pas avoir tort en continuant mon voyage. Chacun sa manière d'envisager les choses de la vie.

Je vous ai longuement causé, dans ma dernière lettre, de la Compagnie des Messageries Maritimes, au point de vue de l'importance de la marine marchande française ; aussi n'ajouterai-je rien à ce que j'ai déjà dit si ce n'est pour mentionner seulement d'autres compagnies puissantes telles que : Les Chargeurs Réunis, qui font le service du Brésil et de La Plata ; la compagnie Fraissinet qui s'occupe de l'Italie, de la Grèce, de la Turquie, et qui a aussi une ligne du Brésil et de Buenos-Ayres ; la compagnie de Navigation Mixte qui s'occupe de l'Algérie ; la société générale des Transports Maritimes qui fait aussi la Tunisie et l'Algérie tout en s'occupant des Canaries, de Rio-Janeiro et de Buenos-Ayres ; la Compagnie des paquebots-poste Khédivié qui fait le service de la Méditerrannée et la mer Rouge ; sans compter les nombreuses compagnies du nord qui vont en Angleterre, en Norvège, en Danemark et dans tous les ports de la Baltique.

De Marseille à Vintimille, première ville de la frontière italienne et jusqu'à Gênes, le chemin de fer longe continuellement la Méditerrannée et je me demande s'il existe au monde un pays plus enchanteur au triple point de vue du climat, du paysage et des souvenirs historiques. On passe La Ciotat et la Seyne avec leur immense atelier de constructions maritimes ; Toulon, avec son arsenal et sa flotte et ses vastes chantiers qui en font le principal port militaire de France, après Brest. Je revois Toulon pour la première fois, depuis 1867, époque où j'y débarquai de retour de ma fugue militaire au Mexique.

Après Toulon, toujours en filant à toute vapeur, on aperçoit Le Muy, petite ville où l'on voit encore une tour où les Provençaux s'embusquèrent, en 1536, pour tirer sur Charles-Quint qui était venu les attaquer dans leur pays ; les pauvres diables ne réussirent qu'à tuer le poète espagnol Garcilasso de la Vega que son costume élégant leur fit prendre pour l'empereur. Plus loin Fréjus avec ses arènes romaines et sa cathédrale du XIe siècle. Cette dernière ville était jadis beaucoup plus importante, comme on peut le voir à sa vieille enceinte, cinq fois plus grande que celle d'aujourd'hui. Et puis, St. Raphaël, Cannes, Antibes, villes où les gens du nord viennent se réfugier contre les froidures de leur climat. Enfin, Nice la belle, qui est le rendez-vous de l'aristocratie européenne pendant les mois d'hiver, à cause de son climat exceptionnellement doux et favorable aux personnes atteintes des maladies de la poitrine. Cette ville est le chef-lieu du département des Alpes Maritimes, et a aujourd'hui une population de 67,000 habitants, sans compter les milliers d'étrangers qui y affluent des toutes les parties du monde.

Nice est coupée en deux par le Paillon, maigre filet d'eau qui coule dans un affreux ravin : aussi parle-t-on d'en détourner le cours. Elle doit sa situation climatérique exceptionnelle aux montagnes qui l'enveloppent. La vieille ville a encore conservé son ancien aspect, mais la nouvelle est luxueusement bâtie et couverte de belles promenades comme la place Masséna, le Jardin public planté de palmiers, la promenade des Anglais et les Terrasses. Le chemin des Ponchettes, au bord de la mer, conduit au port et au Château dont on voit quelques ruines sur un monticule de 96 mètres d'élévation d'où l'on jouit d'un panorama sans pareil. L'église Notre-Dame de Nice, construction néo-gothique, est inachevée ; Ste. Reparate est ornée à l'espagnol ; St. François-de-Paule possède la Communion de St. Benoist de Carle Vanloo, né à Nice, et fils d'un charpentier hollandais. L'église de la Croix possède une figure du Père éternel du même peintre. Les seuls édifices civils un peu intéressants sont le vieil Hôtel-de-Ville ; l'ancien Palais des Lascaris, construit dans le style des palais gênois du XVIIe siècle ; le Temple russe et la tour Ballanda bâtie, dit-on, au Ve siècle et transformée en belvédère.

La vie est très chère à Nice, mais il faut avouer aussi que les hôtels y sont montés avec un luxe que l'on ne trouve nulle part en Europe et rarement en Amérique. Nous sommes au 8 décembre, tous les jardins sont en fleurs et il fait un beau soleil de juin qui nous force à rechercher l'ombre des arcades. Mais il faut toujours prendre ses précautions lorsque le soleil se couche, car on éprouve alors une sensation analogue à celle que provoquerait le contact d'un manteau humide placé sur ses épaules. Ce phénomène qui est général dans toutes les villes du littoral, cesse d'ailleurs une ou deux heures plus tard.

A une demi-heure de Nice, Monaco, le dernier mauvais lieu d'Europe où il soit permis d'aller légalement perdre son argent ou celui des autres, quitte à se brûler la cervelle en sortant du Casino, comme cela se fait assez fréquemment.

Monaco est bâti sur un rocher escarpé s'avançant dans la Méditerrannée, dans une position extrêmement pittoresque, et dans une contrée enchanteresse par sa végétation africaine et par la variété et la beauté de ses sites.

Le palais du prince de Monaco est un bel édifice dont on admire les parapets crénelés, les constructions curieuses, la cour d'honneur, la richesse des appartements et la beauté des jardins. Sur l'emplacement de l'ancienne église paroissiale St. Nicolas a été élevée une magnifique basilique qui s'achève en ce moment. Les peintures et quelques fragments d'architecture remarquable de l'ancienne église ont été restaurés et conservés. L'établissement des bains est au pied du Rocher de Monaco. Le Casino, dont la réputation est si grande pour sa roulette et si justifiée par la grandeur de ses constructions, la splendeur de ses jardins et le luxe de ses installations, et l'établissement des bains de mer sont à Monte-Carlo, séparé de Monaco par un ravin couvert de la végétation la plus belle. Aux environs, on visite la Tourbie, le précipice de la Tête de Chien, le Mont-Agel et la Corniche. Parmi les attractions de Monaco, il ne faut pas oublier de mentionner le tir aux pigeons.

Nous nous arrêtons quelques temps pour visiter tout cela et nous continuons notre route vers l'Italie. Nous passons Menton et nous arrivons à Vintimille, où il nous faut subir la visite des douanes italiennes. Un conseil en passant. Les douaniers italiens qui sont fort libéraux pour les effets ordinaires, n'entendent pas raison sur la question du tabac et on m'a bel et bien fait payer six francs de droits sur une vingtaine de cigares que j'avais dans mon sac de voyage. Morale : ne jamais emporter de cigares en Italie, ne serait-ce qu'une simple douzaine de *Crêmes* de mon ami Fortier qui, lui, a payé la douane, à Paris, sur ses propres cigares fabriqués chez lui.

Nous continuons à filer sur Gênes, après avoir constaté que l'heure officielle italienne avance de 47 minutes sur celle de France, en passant San Remo, ville rendue célèbre par l'agonie de l'empereur Fréderic d'Allemagne, Savone, ville de 20,000 habitants, Piegeli, célèbre station d'hiver, enfin Gênes la Superbe, avec ses beaux palais, son grand commerce et sa population de 180,000 habitants.

Gênes s'élève au bord de la mer, dans un

site d'une beauté incomparable, sur le versant des Alpes liguriennes dont les crêtes sont couronnées de forts. L'un d'eux, le fort dello Sperone, marque le point culminant de la ville à une hauteur de 1600 pieds.

Le port de Gênes, le plus commerçant de l'Italie, forme un hémicycle d'environ trois kilomètres de tour ; il est fermé à l'ouest par le cap San Benigno, sur lequel s'élève un phare haut de 126 mètres au-dessus du niveau de la mer, et par le nouveau môle ; à l'est par le vieux môle. Au centre de l'hémicycle sont la Darse et l'Arsenal maritime.

Les rues de Gênes sont étroites et tortueuses ; mais plusieurs d'entre elles ne sont qu'une suite de splendides palais de marbre, somptueusement décorés à l'intérieur, et qui ont valu à la ville le nom de " Gênes la superbe."

La principale artère de Gênes part de la place Aquaverde, où s'élève la statue de Christophe Colomb, et elle s'étend, en changeant plusieurs fois de nom, jusqu'à la place delle Fontane Morose : c'est d'abord la via Balbi, où se trouvent le Palais royal, le Palais de l'université, les palais Balbi-Severega et Marcello Durazzo, qui renferment tous les deux de belles galeries de peinture ;—la place de l'Annunziata, avec l'église de ce nom, la plus brillante de Gênes;—la via Nuovissima (palais Balbi);—la via Nuova, où l'on remarque le palais Bianco qui possède la *Madonna della Revere*, de Raphael; le palais Rouge renfermant une importante collection de tableaux; du Municipe; Adorno, etc.

Un grand nombre d'autres palais sont disséminés dans la ville : sur la place du Principe, est situé le beau palais Doria, qui fut donné, en 1522, à André Doria, et que décorent de belles fresques; sur la place Neuve, le Palais du gouverneur, l'ancien Palais des Doges où est conservée une table d'airain, trouvée en 1506, et sur laquelle sont gravées des sentences rendues, l'an 633 de Rome, par deux jurisconsultes romains; le palais Pallavicini, etc.

Les rues Charles-Albert et Victor-Emmanuel, longent le port, conduisent de la gare à la place St. Laurent où se trouve la Cathédrale, édifice du XIIe siècle, plusieurs fois restauré et qui offre des spécimens de plusieurs styles et où l'on voit le tombeau contenant les reliques de St. Jean-Baptiste; le saint Graal, vase avec lequel Jésus-Christ célébra, dit-on, la Cêne.

Gênes possède un grand nombre d'églises dont les plus remarquables sont dues à la munificence de familles patriciennes : San Ambrogia, ou, il Gésu ; San Stefano, où se trouve le tableau du *Martyr de St. Etienne*, dessiné par Raphaël et peint par Jules Romain ; Santa Maria in Carignano, la plus belle de toutes les églises de Gênes (1552) et où l'ont jouit d'une vue splendide du haut de la galerie de la coupole). Près de cette église, dans les Grazie, le pittoresque quartier des pêcheurs, s'élève le pont Carignan formé d'une arcade prodigieusement haute, sous laquelle passe la via Marina et l'une des principales curiosités de Gênes.

Les deux plus belles promenades sont l'Acqua Sola et la villa Negro, situées près l'une de l'autre, sur une colline d'où l'on domine Gênes, son port et ses environs.

Je suis arrivé à Gênes dans des conditions assez curieuses. Un peu comme tout le monde, je m'étais imaginé que le peuple italien était hostile à la France et jugez de ma surprise, en entendant une douzaine de fanfares réunis sur la place Aquaverde jouer la *Marseillaise* aux applaudissements répétés d'une foule criant : *Vive la France !* C'était le peuple génois qui célébrait l'anniversaire de la délivrance du joug autrichien, en 1847, et qui inaugurait une inscription à l'endroit où un gamin de douze ans, nommé Ballila, avait donné le signal de la révolte contre l'oppresseur. Ainsi pendant que le roi Humbert fait des alliances avec l'Allemagne et l'Autriche, son bon peuple, lui, célèbre des anniversaires qui rappellent la tyrannie autrichienne. Une autre chose qui m'a aussi curieusement frappé à Gênes, c'est que les *policemen* sont vêtus de longues redingotes noires et coiffés de chapeaux de castor, et portent à la main d'élégantes cannes à têtes argentées. De véritables *dudes* en un mot ; un peu comme nos *policemen* de Montréal lorsqu'on leur fait porter des blouses de deux ans qui ont grisonné sous le triple poids de l'âge, du soleil et de la poussière.

Je vous entretiendrai, dans ma prochaine, de Turin et de Milan, deux des plus belles villes qu'il soit possible de visiter.

TREIZIÈME LETTRE

V̄enise, 12 déc. 1888.

De Gênes à Turin, la distance est de 166 kilomètres. Le chemin de fer traverse la chaîne des Apennins par une série de tunnels et de viaducs et l'on aperçoit les cîmes neigeuses des hautes montagnes qui nous environnent. On passe d'abord Busalla où se trouve le plus important tunnel, celui de Giovi, qui nous fait atteindre une altitude de 1000 pieds. Partis de Gênes par une température très douce, nous commençons à ressentir un froid assez vif qui va en s'accentuant jusqu'à Turin. Nous quittons derrière nous Novi, où eut lieu le 15 août 1799, la bataille livrée aux Français par les Russes et les Autrichiens et où le général Joubert fut tué. On suit d'abord et on franchit la Bormida pour arriver à

Alexandrie, place forte de 31,000 habitants, située dans une plaine fertile. On passe ensuite à Asti, célèbre par ses vins mousseux estimés et on arrive à Turin, ancienne capitale du Piémont, puis du royaume d'Italie de 1859 à 1865. C'est une ville de 253,000 habitants, à l'aspect tout moderne et qui ressemble aux villes américaines avec ses rues coupées à angle droit et bien pavées. Située agréablement sur la rive gauche du Pô, Turin est une des villes les plus importantes de l'Italie et l'une des plus belles de l'Europe. Les rues ainsi que les principales places, sont bordées de spacieux portiques, et les murailles bastionnées, qui lui servaient autrefois de défenses, ont fait place à des promenades qui font le tour de la ville.

Au milieu de la place du Château, située au centre de Turin, s'élève le Palais Madame, vaste édifice du XIVe siècle, le seul grand palais moyen-âge qui existe à Turin : sa belle façade de style corinthien date de 1718 ; devant le palais, le Monument, (œuvre de Vela) élevé par les Milanais, en 1859, en souvenir de l'armée sarde. Le Palais-royal au nord de la place, est d'un aspect très-simple, mais les appartements sont richement décorés.

Le Musée royal des armures, annexé au palais, a été formé par le roi Charles-Albert et on y voit spécialement l'épée du général Bonaparte à Marengo ; l'armure d'Emmanuel-Philibert ; un bouclier ayant appartenu à Henri IV ; une poignée d'épée de Donatello, etc.

De la place du Château partent les plus belles rues de Turin : la rue du Pô, bordée de maisons à arcades et de riches magasins, qui conduit à la place Victor-Emmanuel II ; la rue Dora Grossa, qui aboutit à la place du Statut entourée de magnifiques palais bordés de portiques ; la rue de Rome, qui après avoir traversé la place St. Charles, où s'élève la superbe statue en bronze d'Emmanuel Philibert par Marochetti, se termine à la place Charles-Félix.

La Cathédrale St. Jean-Baptiste, près du Palais royal, qui date du XIe siècle renferme la chapelle du St. Suaire, rotonde entourée de colonnes en marbre noir, qui forme comme une église à part et la plus belle de Turin : une coupole remarquable ; la châsse du St. Suaire ; les tombeaux de princes de la maison de Savoie et le monument de la reine Marie-Adélaïde.

L'église de la Consolata possède une image très-vénérée de la Vierge, placée dans une chapelle dont la coupole est richement ornée et qui possède des statues des deux reines Marie-Thérèse, femme de Charles-Albert, et Marie-Adélaïde, femme de Victor-Emmanuel, mortes en 1855.

L'Académie des sciences comprend : le Museum d'histoire naturelle ; une collection numismatique qui compte environ 15,000 pièces ; une collection remarquable d'antiquités greco-romaines, parmi lesquelles on remarque une tête colossale creuse de Junon dans laquelle le prêtre se cachait pour rendre des oracles ; une tête d'Antinoüs ; une statue en bronze de Minerve ; un Cupidon dormant sur une peau de lion ; le Musée égyptien, le plus beau et le plus complet qui existe au monde, rassemblé par M. Drovetti, consul de France en Egypte, destinée au Louvre, et que le gouvernement français refusa d'acheter ; des statues du grand Sésostris, de Jupiter Ammon, d'Aménophis II ; de belles collections de papyrus, parmi lesquels se trouve le célèbre papyrus " de Turin " contenant les Tables de Manéthon, etc. ; la galerie de tableaux Pinacoteca, comprenant la *Passion* de Memling, la

Sainte-Famille de Rubens, *Œnone et Pâris* de Van der Werff, le *Feu*, la *Terre*, l'*Eau*, l'*Air* de l'Albane ; les *Enfants de Charles 1er* de Van Dyck.

L'Académie des Beaux-Arts, les Musées municipal et industriel italien, contiennent également d'importantes collections.

Le Palais de l'Université, situé dans la rue du Pô, renferme des statues, des inscriptions grecques et latines rangées sous un beau portique qui entoure la cour intérieure ; une bibliothèque de 200,000 volumes et 3,000 manuscrits, l'une des plus importantes de l'Europe. On y trouve le célèbre manuscrit d'Arona ; l'*Imitation de Jésus-Christ*.

Les principales promenades de Turin sont le Jardin royal, le Jardin public, le Valentin, le Mont des Capucins, d'où l'on découvre une belle vue.

Le temps nous a manqué pour faire une excursion intéressante à la basilique de la Superga, élevée sur une haute colline et renfermant les tombeaux de princes de la maison de Savoie.

Le temple juif que l'on est en train de construire sera certainement un des édifices les plus remarquables de l'Italie par son architecture bizarre, par la hauteur de son clocher central, et par la richesse de l'ornementation. Les juifs qui sont très riches à Turin, ont la prétention de construire la plus belle synagogue de l'Europe et je suis enclin à les croire jusqu'à preuve du contraire.

Nous nous mettons de nouveau en route, cette fois pour Milan, ancienne capitale du royaume lombardo-venitien et qui compte aujourd'hui une population de 325,000 habitants. Cette ville qui dans les dernières années a pris un développement très étendu au point de vue industriel et commercial, est une des plus belles d'Italie et offre un aspect très animé.

De Turin à Milan on passe un grand nombre de villes rendues historiques par les batailles qui y furent livrées : Chivasso, dont les fortifications furent détruites par les Français en 1804 ; Novare où eut lieu le 24 mars 1849 la bataille désastreuse, mais courageusement soutenue par Charles-Albert, contre les Autrichiens ; enfin Magenta, à quelques milles de Milan, où les Français battirent les Autrichiens le 4 juin 1859, et qui servit de prétexte à Napoléon III pour faire un duc du maréchal MacMahon.

Milan est située au milieu d'une plaine d'une fertilité prodigieuse, admirablement cultivée et qui forme le centre agricole de l'Italie.

La ville est divisée en deux parties : la ville ancienne qu'entoure le canal du Naviglio grande, et la ville plus moderne élevée sur l'emplacement des anciens faubourgs, entre le Naviglio et le mur d'enceinte. Les rues de Milan sont, en général, irrégulières et mal pavées, mais il faut faire une distinction avec les nouveaux quartiers qui sont admirablement construits, et particulièrement pour les travaux d'embellissement que l'on a faits autour de la place de la cathédrale. La galerie et les Arcades de Victor-Emmanuel qui entourent cette place sont des merveilles du genre et je n'ai rien vu de plus beau en Europe, pas même à Paris que je tiens pourtant pour la plus belle ville du monde. Ses importantes manufactures de soie et de coton, son commerce considérable, que facilitent trois grands canaux qui la mettent en communication avec les rivières et les lacs principaux de la Lombardie, font de Milan, une des cités les plus riches de la péninsule. Au centre de la ville, se trouve la place du Dôme, où s'élève la fameuse cathédrale de la Nativité, le plus vaste édifice religieux de l'Europe après St Pierre de Rome et la cathédrale de Séville. Merveille d'architecture par la beauté des matériaux employés, par le nombre et le fini de ses sculptures, la cathédrale de Milan a été commencée par Galéas Visconti, en 1386 ; elle n'est pas encore achevée aujourd'hui. La forêt d'aiguilles et les innombrables statues qui la décorent à l'extérieur, produisent l'effet le plus grandiose, surtout quand on considère cette prodigieuse construction du haut de la tour centrale, laquelle n'a pas moins de 494 marches, et que surmonte la statue de la Vierge ; dans l'intérieur, on remarque les deux colonnes monolithes qui soutiennent le balcon de la porte du milieu ; les 52 piliers de la grande nef ; la riche mosaïque de marbre de diverses couleurs qui recouvre le sol ; la cuve de porphyre des fonts baptismaux provenant des thermes de Maximien Hercule ; deux chaires en bronze doré couvertes de bas-reliefs entourant le grand pilier qui supporte la coupole ; les tombeaux d'Othon et de Jacques Visconti, de Jacques de Médicis ; la chapelle souterraine de St. Charles Borromée où repose le corps du saint revêtu de ses habits sacerdaux ; l'Arbre de la Vierge, candélabre à sept branches, spécimen merveilleux de l'orfévrerie au moyen-âge. Les aiguilles de cette merveilleuse construction sont au nombre de 116 et le nombre de statues à l'intérieur et à l'extérieur est de plus de 6,000.

Milan possède un grand nombre d'autres églises dont les plus intéressantes sont celles de St. Ambroise, qui contient des antiquités très-curieuses ; de St. Laurent ; de Santa Maria di San-Celso ; de Ste. Marie-des-Grâces, voisine du couvent du même nom, dont le réfectoire est orné de la célèbre *Cène* de Léonard de Vinci, qui est malheureusement à moitié effacée. Au nord de la place du Dôme, s'ouvre la Galerie Victor-Emmanuel, magnifique promenoir vitré qui relie cette place à celle de la Scala, où s'élève le célèbre théâtre de ce nom et le monument de Léonard de Vinci.

Non loin de là, est situé le palais Brera, la principale curiosité de Milan après la Cathédrale, et qui renferme une précieuse galerie de tableaux parmi lesquels le *Mariage de la Vierge* de Raphaël ; une bibliothèque, un cabinet de médailles, l'observatoire, etc. Au premier rang des collections artistiques de Milan, il faut citer la Bibliothèque ambrosienne qui contient 140,000 volumes et 20,000 manuscrits, dont plusieurs d'un prix inestimable ; un cabinet de bronzes et une galerie de tableaux. A l'extrémité nord-ouest de la ville, sur la grande place d'Armes, se trouvent l'amphithéâtre de l'Arène, pouvant contenir 30,000 personnes, et l'arc de triomphe du Simplon, deux monuments élevés par Napoléon Ier qui a laissé partout des souvenirs de son esprit vaste et entreprenant.

Le froid humide qu'il fait ici m'oblige, bien à regret, à hâter mon départ et à me rendre directement à Venise sans visiter Vérone et Padoue que je voudrais cependant bien voir. Mais l'état de ma santé qui laisse beaucoup à désirer, ne me le permettra pas et je vous entretiendrai dans ma prochaine lettre de la cité des doges, de la reine de l'Adriatique.

QUATORZIÈME LETTRE

—

Florence, 14 décembre 1888.

Le voyage de Milan à Venise n'est qu'une suite de souvenirs historiques qui se croisent et s'entre-croisent dans l'esprit, sans que la rapidité du trajet, en chemin de fer, nous laisse le temps de réfléchir sur ce qui nous entoure. Treviglio, Chiari, Brescia avec sa forteresse, ses ruines du temple de Vespasien que l'on aperçoit de la gare et sa vieille église de St. Jean l'évangeliste qui date de IVe siècle ; Desenzano, où l'on aperçoit le lac de Garde, le plus grand de l'Italie ; Peschiera, place forte de premier ordre, qui forme l'angle nord-ouest du fameux quadrilatère si souvent disputé par les belligérents en Italie et dont les autres angles sont occupés par Vérone, Mantoue et Legnano ; Vicence, une des villes d'Italie les plus riches en monuments d'architecture ; enfin Padoue et Venise.

Nous entrons en gare par une soirée superbe et lorsque, au lieu de monter en voiture, nous descendons en gondole pour nous rendre à l'hôtel, une lune superbe argente les eaux du grand canal. Je n'ai certes pas l'intention de refaire ici une description poétique de Venise, par un beau clair de lune, mais j'avoue que la demi-heure que nous avons mise à nous rendre à notre hôtel, près de la place St. Marc, s'est passée dans le royaume des rêves et des glorieux souvenirs qui forment une auréole autour du nom de la reine de l'Adriatique. Mais trêve à la fantaisie et un peu d'histoire et de géographie.

Bâtie au milieu des lagunes de la mer Adriatique, sur trois grandes îles, que 150 canaux subdivisent en 117 îlots, Venise est une des villes les plus importantes de l'Italie par sa situation maritime, et l'une des plus intéressantes par les souvenirs qu'elle rappelle et l'originalité de ses monuments. Son école de peinture, illustrée par Giorgione, Titien, le Tintoret, Paul Véronese, a été la première pour la puissance du coloris.

Venise est aujourd'hui une ville de 133,000

habitants et est divisée en deux parties inégales par le Grand-Canal, long de 3,700 mètres, qui partant de la Punta della Salute au sud-est, contourne vers le nord pour redescendre ensuite à l'ouest, vers la gare du chemin de fer. Trois ponts : le Pont Neuf, le célèbre Rialto et le Pont de fer, mettent en communication ses deux rives. Au sud des deux îles principales que forme ainsi le Grand-Canal, se trouvent l'île San Giorgio Maggiore et l'île, beaucoup plus grande, de la Gindecca, séparée de Venise par le canal du même nom. Les lagunes sur lesquelles la ville est assise sont protégées par la longue bande de sable du Lido.

Le centre de la vie, à Venise, est la place St. Marc, l'ancien Forum de la ville, situé dans l'île, à l'est du grand canal ; elle comprend la Place proprement dite et la Piazzetta, qui aboutit à la mer. Sur la grande place s'élève la basilique de St. Marc, autrefois chapelle privée du Doge (977-1071), spécimen curieux d'architecture byzantine en forme de croix grecque et surmontée de cinq coupoles. La façade, décorée de mosaïques et de bas-reliefs, est percée de cinq portes de bronze dont l'une supporte les chevaux de bronze doré, dits

Chevaux de Venise. Un péristyle, couvert de mosaïques, précède l'église ; l'intérieur forme un vaisseau à trois nefs décorées avec une profusion et une magnificence inouïe de marbres, de porphyres, d'émaux, de mosaïques et d'or. On remarque surtout le pavé en mosaïques, le jubé : les chaires de marbre à l'entrée du chœur ; le maître-autel ; le " pala d'Oro," retable d'or et d'argent, incrusté d'émail et de pierres précieuses ; la porte de bronze, œuvre de Sansovino ; le baptistère ; la chapelle Zeno et le Trésor.

Le Campanile, clocher gothique de Saint Marc, séparé de l'église, domine tous les autres édifices de la ville et, du haut de sa galerie, la vue s'étend sur les Alpes, Venise et ses lagunes. A la base du Campanile se trouve la Logetta, qui servait de salle d'attente aux procurateurs commandant la force armée, pendant les séances du Grand-Conseil. La tour de l'horloge qui supporte une cloche colossale sur laquelle deux vulcains frappent les heures avec un marteau ; les " anciennes Procuraties " et les " nouvelles Procuraties " (aujourd'hui Palais royal), qui servaient de résidence aux procurateurs de St. Marc ; les trois piliers où l'on arborait les étendards de la

République, achèvent de donner à cette place un aspect d'originalité incomparable.

La Piazzetta s'étend au sud de la place St. Marc, dont elle forme le prolongement. Elle est bornée, à l'est, par la bibliothèque (Libreria Vecchia), magnifique édifice à arcades du XIe siècle dépendant, comme les nouvelles Procuraties, du Palais royal : à l'ouest, par le palais des Doges ; au midi, par la mer.

Entre ces deux monuments, se dressent deux colonnes de granit rapportées de la Syrie par le doge Domenico Michele (1127) ; l'une est surmontée du " Lion de St. Marc " ; l'autre supporte la statue de St. Théodore, un des patrons de Venise.

Le Palais ducal, ancien palais des Doges, le plus remarquable des monuments civils de Venise, est un superbe édifice gothique des XIVe et XVe siècles, dont les façades sud et ouest sont entourées d'une admirable colonnade ogivale, à deux étages, et ornées, dans leurs parties massives, de marbre blanc et rouge. La cour intérieure, dont on admire la façade orientale et les deux margelles de citernes, en bronze ciselé, donne accès à l'escalier des Géants où l'on couronnait les doges et où l'on voit des statues colossales de Mars et de

Neptune, par Sansorino (1554). Les plus belles salles du Palais ducal, où sont réunies des collections artistiques de premier ordre, sont : la salle du Grand-Conseil, magnifiquement décorée, et qui contient *le Paradis*, de Tintoret, qui passe pour la plus grande peinture sur toile qui existe ; la salle du Scrutin où se trouve *le Jugement dernier*, de Palma le jeune ; la Bibliothèque, dont la merveille est le Bréviaire du cardinal Grimmani, orné de miniatures de Memling ; le Musée archéologique ; la Salle du Conseil des Dix ; celle de l'anti-Collège ornée de l'*Enlèvement d'Europe*, de Paul Véronèse.

Le Pont des Soupirs relie le palais ducal aux prisons, dont la façade donne sur le quai des Esclavons ; ces fameuses prisons que Silvio Pellico a chantées dans un livre touchant qui a fait pleurer bien des écoliers. J'ai visité tous les cachots en détail, et il fait bon de se sentir vivre au XIXe siècle sous le régime de la liberté, quand on voit les atrocités que produisait le régime du despotisme et du pouvoir personnel.

Les églises à l'est et au nord du Grand Canal qui méritent plus particulièrement d'être visitées, sont : St. Jean de Paul, remplie de mausolées des Doges et d'hommes illustres ; le Panthéon de Venise ; San-Francesco della Vigna ; San-Stefano ; San-Salvatore.

L'Académie des Beaux-Arts, instituée par Napoléon Ier, contient également une belle galerie de tableaux dus, pour la plupart, aux maîtres vénitiens ; Titien, *l'Assomption*, Tintoret, *Miracle de St. Marc délivrant un esclave du supplice ;* Giorgione, *Tempête apaisée par un miracle de St. Marc* ; Paul Véronèse, *le Repas de J.-C dans la maison de Lévi*, la plus belle toile de la collection.

Une des principales " attractions " de Venise est une promenade en gondole sur le Grand-Canal, dont les deux rives sont bordées de riches palais qui font de cette principale artère la plus belle voie du monde. Au milieu du trajet, on passe sous le pont du Rialto, formé d'une seule arche, en marbre, et qui a été pendant des siècles le seul moyen de communication entre les deux îles principales.

On fait également en gondole de charmantes excursions au Lido, à Malamocos et à Chioggia, lorsqu'on en a le temps ; ce que je n'ai pas eu malheureusement.

Après quarante-huit heures d'un séjour que

j'aurais voulu pouvoir prolonger, nous prîmes la route de Florence en passant par Bologne où nous nous arrêtâmes juste le temps de prendre un fiacre pour visiter à la hâte les principaux monuments de cette ville qui compte aujourd'hui une population de 112,000 habitants.

Située sur un canal dérivé du Reno, au pied de l'Apennin, dans une plaine fertile, Bologne est l'une des villes les plus importantes de l'Italie par son commerce et les monuments qu'elle a conservés du moyen-âge. Son école de peinture, qu'ont illustrée les Carrache, le Guide, le Dominiquin, l'Albane, a joué un rôle considérable dans l'histoire de l'art.

Bologne est entourée de murailles qui sont percées de douze portes ; ses rues sont bordées de portiques et ses maisons ont encore l'aspect de forteresses. Au centre de la ville, sur la place Victor-Emmanuel (l'ancien *forum*) que décore une fontaine surmontée d'un *Neptune* de Jean de Bologne, se trouvent le Palais du Gouvernement, dont l'escalier a été construit par Bramante ; le Palais du podestat (XIIIe-XVe siècles) ; l'église San Petronio, qui possède des portes sculptées célèbres et de belles peintures sur verre, d'après les dessins de Michel-Ange. Dans l'église San Domenico, la plus riche en objets précieux, on remarque la chapelle du tombeau de St. Dominique et les stalles du chœur en marqueterie du XVe siècle. D'autres églises sont dignes également d'attirer l'attention : la cathédrale de St. Pierre ; Ste. Cécile, en ruines, où l'on admire des fresques précieuses, en partie dégradées, tirées de la vie de la sainte : San Giacomo Maggiore (1167), remarquable par sa voûte hardie ; San Giovanni in Monte (1221), où l'on voit, sur un pilier à l'entrée du chœur, une fresque de l'an 1000 ; San Stefano, formée de la réunion de sept petites églises, dont l'une renferme le Puits miraculeux de St. Pétruve, ainsi qu'une colonne de marbre, reste d'un temple d'Isis.

L'académie des Beaux-Arts contient le Musée ou Pinacoteca, l'une des plus belles collections de tableaux de l'Italie, entr'autres le *Martyre de St. Pierre de Vérone*, le *Martyre de Ste. Agnès*, du Dominiquin ; la *Madonna della Pietà* de Guido Reni ; la *Communion de St. Jérôme*, l'*Assomption*, d'Augustin Carrache, et surtout l'admirable *Ste. Cécile*, de Raphaël, la merveille de la galerie. La Bibliothèque du Musée est riche en estampes : on y conserve des *Paix* en argent niellé, du célèbre orfèvre Fr. Francia. L'Université, fondée en 1119, la plus ancienne d'Italie après celle de Salerne, occupe les bâtiments du palais Poggi ; c'est là qu'est installée la bibliothèque publique qui possède 150,000 volumes et 6,000 manuscrits.

Les deux tours penchées Garienda et des Asinelli ; la Loggia dei Mercanti, édifice des XIIIe-XVe siècles occupé par la Chambre de Commerce, et le Campo Santo, sont également au nombre des curiosités les plus intéressantes de Bologne.

Mon guide m'apprend que comme à Turin, comme à Milan, comme à Venise, il y a de charmantes excursions à faire dans les environs de Bologne, mais ici comme ailleurs, le temps me presse et ma prochaine correspondance datée de Rome, vous parlera de Florence et de ses merveilles.

QUINZIÈME LETTRE

—

Rome, 16 décembre 1888.

J'ai déjà dit en commençant la publication de ces lettres qui ne sont qu'un récit succinct de mon voyage, que je n'avais pas l'intention de poser en critique d'art et que je ne prétendais pas dire des choses neuves aux personnes qui ont déjà visité l'Italie. Loin de moi, aussi, l'idée de faire de la politique et la prétention de juger des évènements que je ne vois qu'en passant, en amateur. Toutes ces lettres sont écrites à la hâte, dans des chambres d'hôtel, à la lumière d'une ou deux malheureuses bougies—le gaz étant complètement inconnu en Europe même dans les meilleurs hôtels de Paris—et généralement lorsque je suis harassé de fatigue après avoir passé la journée à visiter les monuments et les musées. C'est donc une compilation plus ou moins indigeste, écrit dans un style plus ou moins décousu, mais les lecteurs de *La Patrie* feront la part de la bonne volonté dans tout cela. Je tiens à redire ces choses avant de parler de Rome et de Florence qui sont sans contredit les deux centres les plus importants du monde au point de vue des écoles classiques de peinture et de sculpture italienne.

Florence est une ville de 169,000 habitants, situé sur les deux rives de l'Arno, au pied des versants des Apennins. Ancienne capitale de la Toscane, puis du royaume d'Italie, de 1864 à 1870, Florence a pris un grand développement, de nouveaux quartiers ont été construits et l'emplacement de ses anciennes fortifications forme aujourd'hui une magnifique ceinture de larges boulevards.

Aucune ville de l'Italie n'a joué, dans le grand mouvement de la renaissance de l'art italien, un rôle aussi considérable et ces souvenirs glorieux, non moins que la beauté de son site et de ces édifices, l'ont fait nommer Florence "la Belle." Le véritable centre de Florence est la place de la Signoria, l'ancien *forum* de la République. C'est là que se trouvent le Palais-Vieux (1298), aujourd'hui le Municipe, qui fut la résidence des Médicis et le siège du parlement italien jusqu'au moment du transfert de la capitale à Rome, et qui contient ces immenses appartements qui ont nom grande Salle des mille, Salles des deux cents ; le lion Marzocco ; la statue équestre de Cosme Ier, par Jean de Bologne ; la célèbre Loggia de Lanzi, ancien corps de garde des lansquenets qui renferme le fameux *Persée* de Benvenuto Cellini ; *l'enlèvement de la Sabine*, par Jean de Bologne, etc.

Entre la place della Signoria et l'Arno, s'élève le Palais des Uffizi (des Offices) qui contient une des premières collections artistiques du monde. Quelques-unes des œuvres les plus remarquables de cette merveilleuse galerie sont réunies dans une petite salle connue sous le nom de " Tribune " : la *Venus de Médecis*, l'*Apollon*, attribué à Praxitèle ; le *Rémouleur*, les *Lutteurs*, le *Faune dansant*, en partie de Michel-Ange, chefs-d'œuvre de la sculpture ; la *Vierge au Chardonneret*, la *Fornarina*, de Raphaël ; la *Vénus*, du Titien, etc.

Après avoir traversé l'Arno, sur le Ponte Vecchio, on arrive au Palais Pitti, qui renferme une galerie de tableaux, non moins célèbre que celle des Offices. Citons parmi tant de chefs-d'œuvre : la *Vierge à la chaise*, la *Vision d'Ezéchiel*, la *Madone du Grand Duc*, le portrait de *Jules II*, de Raphaël, la *Sainte Agathe*, de Sebastien del Piombo ; le *Concert*, de Giorgionne ; *Ste. Madeleine*, du Titien. Le beau jardin Boboli est situé derrière le palais Pitti.

Au nord de la place della Signoria se trouve la place du Dôme, où s'élèvent trois des plus beaux monuments de Florence : la Cathédrale Santa-Maria del Fiore, dans le style gothique italien (1294-1474), dont la belle coupole, élevée par Brunelleschi a servi de modèle à Michel-Ange pour celle de St. Pierre de Rome ; le Campanile, dans le même style, merveilleuse création de Giotto ; le Baptistère, dont la coupole a été imitée par Brunelleschi pour celle de la Cathédrale. On en admire principalement les trois portes de bronze dont deux ont été modelées par Ghiberti ; Michel-Ange disait de celle de l'est, la plus belle, qu'elle "méritait d'être la porte du Paradis."

Parmi les édifices religieux les plus remarquables de Florence, on cite Santa Maria Novella (1279-1537) qui possède la *Madone* de Cimague ; des fresques de Ghirlandajo, d'Andrea Orcagna; le crucifix en bois de Brunelleschi; une fontaine de Luca della Robbia. Le cloître, attenant à l'église, renferme la chapelle des Espagnols décorée de fresques célèbres. D'autres églises remarquables sont San Lorenzo qui communiquait autrefois avec la "nouvelle Sacristie," où se trouvent les tombeaux des Médicis, chefs-d'œuvre de Michel-Ange, avec statues du *Jour* et de la *Nuit*, de l'*Aurore* et du *Crépuscule*, du *Penseur*;—l'Annunziata avec fresques d'Andrea del Sarto;—Santa Croce, sur une place que décore une statue colossale du Dante, et qui a des chapelles décorées de peintures qui passent pour les chefs-d'œuvre de Giotto, ainsi qu'un cloître remarquable;—l'église des Carmes (il Carmine), dont la chapelle Brancacoi renferme les fameuses fresques de Masaccio et de Filippino Lippi. Sur la place San Marco se trouvait l'église San Marco et son magnifique cloître, aujourd'hui transformé en musée, possédant des fresques célèbres de Fra Angelico; l'Académie des Beaux-Arts, qui renferme une belle collection de tableaux, et une statue de *David* par Michel-Ange.

Les musées égyptien et étrusque occupent le bâtiment du couvent supprimé de San

Francesco ; c'est dans l'ancien réfectoire que fut découverte, en 1845, l'admirable fresque représentant la *Cène*, attribuée à Raphaël. Le Bargello, ancien palais du Podestat, renferme le Musée national qui possède une remarquable collection de bronzes et de marbres de la Renaissance, parmi lesquels le *Triomphe de Bacchus*, l'*Adonis mourant*, de Michel-Ange ; le *Mercure* de Jean de Bologne, etc. ; une chapelle décorée de fresques de Giotto ; un portrait du Dante, attribué longtemps au même artiste, etc. Les bibliothèques publiques renferment toutes des trésors précieux ; la plus célèbre est la bibliothèque Laurenziana qui occupe le cloître de l'église St. Laurent. Florence renferme un grand nombre de beaux palais particuliers ; les plus remarquables sont les palais Strozzi, Corsini, Riccardi, Strozzi Ridolfi. Entre la rive droite de l'Arno et le chemin de fer, est située la belle promenade des Cascine. Les plus belles excursions à faire dans les environs de Florence sont celles du Poggio Imperiale, de la Chartreuse d'Ema, de Monte Oliveto, de Fiesole, de Vallombreuse et des Camaldules.

Nous sommes à Rome depuis hier matin, installés à l'hôtel Continental, *via* Cavour.

Nous resterons ici au moins huit jours pour reprendre haleine et nous continuerons notre voyage vers Naples et la Sicile, à la recherche de ce soleil méridional que nous n'avons encore rencontré qu'à Nice et à Monaco. Car bien qu'il ne fasse pas ici très froid, les installations sont telles que l'on en souffre réellement plus qu'au Canada.

Que ce soit là une fiche de consolation pour ceux qui pourraient avoir le désir de voyager sur les eaux bleues de la Méditerranée.

SEIZIÈME LETTRE

—

Rome, 18 déc. 1888.

Comme j'ai déjà eu occasion de l'écrire, je n'ai ni l'intention, ni la prétention de faire une longue description de Rome et de ses merveilles artistiques. D'abord, les huit jours que je vais passer dans la Ville Eternelle me permettront à peine d'en voir les choses les plus intéressantes et il faudrait ensuite faire des études spéciales très serieuses pour en parler avec connaissance de cause. Je vais donc me contenter d'écrire deux lettres sur Rome : la première qui sera une description abrégée de ce qu'on peut et doit voir, pour connaître Rome même superficiellement, et la seconde qui traitera des personnes que j'y ai rencontrées et de certaines choses particulières que j'y ai observées.

Je commence la première qui pourra avoir

de l'intérêt, comme reminiscences, pour ceux qui ont déjà visité la Ville Eternelle.

Capitale du royaume d'Italie et métropole de l'univers catholique, Rome, avec une population de 300,000 habitants, est la ville du monde dont le nom éveille les plus nombreux et les plus grandioses souvenirs. Nulle cité n'est plus riche en monuments du passé ni en chefs-d'œuvre de l'art.

La ville est entourée de murailles percées de douze portes. Le Tibre la traverse du nord au sud et la divise en deux parties inégales, différentes d'aspect, mais l'une et l'autre intéressantes à divers titres. Sur la rive gauche, se trouvent la Rome des Césars, avec ses sept collines, aujourd'hui presque inhabitée, et la ville relativement moderne, qui est le centre du commerce.

La partie la moins ancienne et la moins considérable est située sur la rive droite du Tibre. Elle comprend : au nord, le Borgo ceint de murs, avec le palais du Vatican, résidence du St. Père, la basilique de St. Pierre, le château St. Ange, qui forme la " cité Léonine "; au sud, le faubourg populeux du Transtevère. Six ponts, dont le plus remarquable est le pont St. Ange, font communiquer les deux rives du fleuve.

Rive gauche—A l'entrée de Rome, au nord, se trouve la place du Peuple, que décore un obélisque rapporté d'Heliopolis par Auguste et où s'élève l'église populaire de Rome, Sainte-Marie-du-Peuple (1009). Al'est, la belle promenade du Pincio. De la place du Peuple, partent les trois principales rues de Rome : à droite, la rue Ripetta, longeant le fleuve ; la rue Bobbuino, à gauche, qui se termine à la place d'Espagne, le centre du quartier des étrangers ; entre ces deux rues, le Corso, l'ancienne *voie Flaminienne*, la plus grande artère de Rome, bordée de beaux magasins.

Faisons cependant remarquer, en passant, qu'en dehors des nouveaux quartiers, les rues de Rome sont très étroites et que le fameux Corso, avec toutes ses richesses artistiques et ses souvenirs historiques, n'est pas plus large que notre rue St. Laurent, dans son état actuel. Il en est de même des autres rues et places, qui sont relativement très restreintes. En longeant le Corso, on traverse la place Colonna, où se dresse la colonne de Marc-Aurèle ; puis la place de Venise, près de laquelle se trouve l'église du Gésu, l'une des plus magnifiques de Rome, et l'on arrive au Capitole, où sont situées l'église d'Ara Cœli et la place du Capitole.

La place du Capitole a été dessinée par Michel-Ange. Elle est ornée de la statue en bronze de Marc-Aurèle et bordée par trois palais ; le palais du Sénateur ; le palais des Conservateurs, qui renferme d'importantes collections d'antiques, tels que, la *Louve du Capitole* ; le *Tireur d'épine*, etc. ; et une galerie de peintures, parmi lesquelles *Ste. Pétronille*, l'œuvre capitale du Guerchin. Le troisième palais contient le musée du Capitole, avec le *Gladiateur mourant*, l'*Antinous*, le *Faune*, de Praxitèle : l'*Amazone*, la *Venus du Capitole*, de Praxitèle, la perle de la collection. La via del Campidoglio descend au Forum, dont l'emplacement est en contre-bas de huit mètres du sol actuel de la ville. C'est là que se trouvent le *Tabularium* où étaient placées les Tables de bronze contenant les sénatus-consultes et les décrets du peuple romain, les ruines du temple de la Concorde, du temple de Vespasien, du temple de Saturne, la tribune aux harangues, l'arc de Septime Sévère, voisin de la prison Mamertine ; la colonne de Phocas, la basilique Julia ; le temple de Castor et Pollux, celui de Jules César et celui de Faustine. Cette suite de magnifiques monuments constituait la *Voie sacrée*, qui partait du Capitole pour aboutir à l'amphithéâtre de Flavius (le Colisée). En dehors du Forum proprement dit, dont nous venons d'énumérer les principaux restes, et le long de la Voie sacrée, se trouvent l'arc de Titus ; la basilique de Constantin ; le temple de Vénus et de Diane, l'arc de Constantin, le colosse de Néron : enfin, à l'extrémité, le Colisée, superbe amphithéâtre qui pouvait contenir 100,000 spectateurs.

Sur le Mont Palatin, que longeait la Voie sacrée, s'élèvent les ruines du palais des Césars, des palais de Caligula et de Septime Sévère, du temps de Jupiter Stater ; les maisons d'Auguste, de Livie et de Tibère.

La rue San Giovanni, qui part du Colisée, aboutit à l'extrémité est de Rome, à la place Saint-Jean-de-Latran, où se trouvent un obélisque, le plus grand qui existe ; l'église de la *Scala Santa*, renfermant le " saint escalier " provenant, dit-on, du palais de Pilate à Jérusalem, et la magnifique basilique de St. Jean-de-Latran, où l'on remarque les chapelles Corsini, Torlonia et une fresque de Giotto.

A la basilique est annexé un admirable cloître du XIIIe siècle; à un angle de la place, le Baptistère où Constantin reçut, dit-on, le baptême.

Le palais de Latran, ancienne résidence des Papes, s'élève à côté de la basilique. Il renferme un musée profane de sculptures antiques, parmi lesquelles il faut citer : *Médée et les Filles de Pélée;* le *Satyre dansant;* l'*Enfant avec une grappe de raisin;* une admirable statue de Sophocle ; un musée chrétien avec sarcophages des IVe et Ve siècles; une collection d'inscriptions chrétiennes d'une valeur inappréciable ; et une galerie de peintures et mosaïques antiques.

La via Merulana, qui se dirige vers le nord, conduit à la basilique de Ste. Marie-Majeure, la plus vaste des 80 églises de Rome consacrées à la Vierge, et peut-être la plus ancienne de la chrétienté. On y admire surtout le magnifique plafond de Giulio de San Gallo et la chapelle du Saint-Sacrement, par Fontana. Dans une chapelle souterraine on conserve la crèche de Notre Seigneur. En revenant sur le Tibre, par la rue Ste. Marie-Majeure, on arrive au Forum de Trajan où se trouve la colonne Trajane, l'un des plus beaux monuments antiques de Rome et dont les bas-reliefs, où l'on compte plus de 2,500 figures, représentent des sujets tirés des expéditions de Trajan contre les Daces.

De l'autre côté du Corso, dans la boucle du Tibre, sont situés le l'anthéon, construit par Agrippa 27 ans avant J.-C., magnifique rotonde précédée d'une colonnade, consacrée, au VIIe siècle, au culte chrétien, et qui renferme les tombeaux de Raphaël, d'Annibal Carrache, etc.; l'église de Santa Maria sopra Minerva; la place Navone, ornée de trois fontaines et la plus grande de Rome.

Il ne faudrait pas non plus oublier les anciens Thermes ou établissements de bains qui étaient construits et aménagés avec une magnificence qu'on peut difficilement s'imaginer.

Les Thermes de Caracalla surtout, dont il restes des ruines superbes, sont des merveilles du genre. Afin de faire comprendre la grandeur qu'atteignaient souvent ces établissements, disons que l'église de Ste. Marie-des-Anges, une des plus grandes de Rome, a été faite complètement dans la grande salle des Thermes de Dioclétien, sur les plans de Michel-Ange.

Rive droite.—En quittant la place Navone, on arrive bientôt au pont St. Ange, orné de six statues colossales d'anges et construit en face du Mausolée d'Adrien (aujourd'hui le Château St. Ange) qui s'élève de l'autre côté du Tibre; puis à la place du Plébiscite où commence la rue du Borgo Nuovo, qui aboutit à la basilique de St. Pierre du Vatican.

La place St. Pierre, qui précède l'église, est entourée d'une quadruple rangée de 284 colonnes, formant trois galeries dont les portiques sont surmontés de 162 statues de saints. Au milieu de la place s'élève, entre deux belles fontaines, l'obélisque de Caligula.

La basilique de St. Pierre est précédée d'un superbe portique d'où cinq portes donnent entrée dans le temple. On ne saurait énumérer ici toutes les magnificences que renferme cette grande merveille de Rome; bornons-nous à citer la coupole, dans laquelle se trouve la " confession de St. Pierre," tombeau renfermant une partie des reliques des saints Pierre et Paul, et le maître-autel que surmonte un magnifique baldaquin; la statue en bronze de St. Pierre, qui renferme la chaire en bois de l'apôtre; les chapelles de la *Pietà* (groupe de Michel-Ange) et du Saint-Sacrement ; des tombeaux de papes ; des mosaïques, reproduisant des peintures célèbres, qui décorent l'intérieur de ce splendide monument.

Le Vatican, le plus grand palais du monde, situé à droite de la basilique de St. Pierre, se compose de trois étages. Au premier étage, se trouve la Chapelle-Sixtine qui renferme les célèbres fresques de Michel-Ange : le *Jugement dernier*, les *Prophètes et les Sibylles*. Au troisième étage sont les 22 peintures connues sous le nom de "Loges de Raphaël," représentant les principaux faits de l'Ancien et du Nouveau Testaments ; et les "quatre chambres de Raphaël"—l'*Ecole d'Athénes*, la *Dispute du Saint-Sacrement*, etc.

La galerie des tableaux du Vatican en comprend une quarantaine, mais tous sont des œuvres de premier ordre : la *Transfiguration*, la *Vierge au Donataire*, de Raphaël ; la *Communion de St. Jérôme*, du Dominiquin, etc.

Le Musée des antiques est composé de 15 salles ou galeries. Au nombre des sculptures célèbres : l'*Athlète*, le *Torse du Belvédère*, le *Tombeau de Scipion Barbatus*, le *Laocoon*, *Mercure*, *Méléagre*, l'*Apollon du Belvédère*.

La bibliothèque renferme 24,000 manuscrits, dont plusieurs sont d'un prix inestimable, tels que le manuscrit de Virgile, du Ve siècle, le célèbre Palimpseste de la *République* de Cicéron ; 50,000 volumes imprimés ; une collection de papyrus ; des peintures antiques, notamment les *Noces Aldobrandines*, découvertes en 1606, l'une des fresques les plus précieuses que l'on possède de l'antiquité.

Rome compte encore plusieurs églises dignes d'attirer l'attention des visiteurs : la magnifique basilique de St. Paul hors des murs ; Saint-Pierre-ès-liens, qui renferme le célèbre *Moïse* de Michel-Ange ; la Trinité-du-Mont, bâtie par le roi de France Charles VIII ; Saint-Pierre in Montorio, élevée sur l'emplacement où St. Pierre subit le martyre ; Sainte Agnès hors des murs ; Saint-Louis-des-Français ; Santa-Maria-degli-Angeli ; San-Lorenzo in Lucina, où se trouve le tombeau du Poussin.

Outre le palais royal du Quirinal, ancienne résidence d'été des Papes, aujourd'hui demeure du roi d'Italie, on compte à Rome un grand nombre de palais particuliers qui possèdent, pour la plupart, des galeries de tableaux : le palais Barberini, où l'on voit le célèbre *portrait de Béatrice Cenci*, de Guido Reni ;

le Borghèse, avec la *Mise au Tombeau*, de Raphaël, l'*Amour sacré et profane*, du Titien ; le Corsini ; le Doria-Panfili, le plus somptueux, avec une galerie de ses tableaux ; la Farnésine, où l'on admire splendides fresques de Raphaël, dont la plus célèbre est le *Triomphe de Galatée*, etc.

Les villas continuent sous une autre forme, la magnificence des palais. Nous citerons principalement la villa Médicis, où est installée l'Académie française de peinture et dont les ombrages servent de promenade au public ; la villa Borghese, dont le parc est une promenade très fréquentée ; la villa Albani, avec le fresque de Raphaël Mengs, le *Parnasse ;* la villa Ludovisi, dont un pavillon est célèbre par la fresque du Guerchin, l'*Aurore*, etc.

On doit terminer son séjour à Rome par une visite au Catacombes.

Voilà une énumération bien succincte des merveilles de Rome ; et dans ma prochaine lettre je parlerai tout particulièrement du nouveau collège canadien que les P. P. Sulpiciens de Montréal, viennent d'y établir et que je dois visiter demain en compagnie du Rév. M. Colin et de plusieurs prêtres de Montréal.

DIX-SEPTIÈME LETTRE

—

Naples, 21 déc. 1888.

Bien que ma lettre soit datée de Naples, c'est encore Rome qui va faire le sujet de ma correspondance, aujourd'hui. Je suis descendu, à Rome, à l'hôtel Continental pour deux raisons : d'abord parce que l'hôtel m'avait été recommandé, et ensuite parce qu'il est situé à proximité de la gare. J'ai pris pour habitude de descendre généralement aux hôtels situés près des gares, parce que lorsqu'on ne reste que peu de temps dans une ville, cela épargne du temps et des transports inutiles de bagages qui deviennent ennuyeux et coûteux. Il y a naturellement des villes où il est impossible de se loger près des gares, Milan, par exemple où la gare est située en dehors des murs, et Naples où il n'y a pas d'hôtel à proximité. Un détail en passant au sujet des bagages, en Italie, où les chemins de fer n'accordent aucune franchise. Il faut toujours s'efforcer de voyager avec des sacs que l'on peut porter à la main et prendre avec soi, en wagon, car on vous fait payer très cher, à tant le kilo, pour les malles et les valises qu'il faut enregistrer.

On trouve partout de fort bons hôtels, en Italie, et à des prix bien raisonnables. On y est parfaitement servi, mais les chambres, en hiver, y sont très froides et fort dangereuses pour ceux qui, comme moi, souffrent d'une maladie des voies respiratoires. On a beau brûler du bois, les feux de cheminées qui sont les seuls connus sont impuissants à réchauffer les appartements qui sont toujours très grands et à plafonds très élevés. Aussi, je ne conseillerai jamais à des malades de voyager en Italie, pendant l'hiver, pour leur santé. C'est une erreur que j'ai payée moi-même très cher, par des accès d'asthme et des quintes de toux répétées. Le nord de l'Italie est très froid, Venise est humide et Florence et Rome ont des climats fort variables. Ce n'est guère qu'à Naples que l'on trouve le soleil, ou bien à Nice, Cannes ou Menton qui sont abrités contre les vents froids. J'ai plus souffert du froid depuis trois semaines que je voyage en Italie que si j'étais resté tranquillement à Montréal, pendant la même période. La Sicile, Malte, la Tunisie et l'Algérie sont plus accommodables et je pourrai en parler, avant longtemps, par expérience.

J'ai annoncé dans ma dernière lettre que j'allais visiter le Collège Canadien que l'on vient d'inaugurer à Rome, par d'imposantes cérémonies. C'est ce que j'ai fait, accompagné par M. l'abbé Vacher, autrefois de St. Jacques, à Montréal, et qui habite Rome depuis trois ans. C'est lui qui a surveillé les affaires du nouveau collège et qui le gère actuellement comme économe, avec le révérend M. Palin, comme supérieur. Le nouvel édifice qui fait honneur au Canada est d'une grande élégance et d'une solidité parfaite.

Il se compose d'un corps de bâtiment flanqué de deux grandes ailes, le tout construit en pierre blanche et en briques de la même couleur. Il a quatre étages et l'architecte a su lui donner un cachet de beauté sévère qui s'adapte bien au caractère de l'instruction sacrée destinée aux jeunes ecclésiastiques qui viendront y étudier la théologie et le droit canon. Au premier étage se trouvent de grands corridors voutés ; un superbe réfectoire également vouté en ogive et soutenu par quatre magnifiques colonnes de granit ; le grand salon, un petit salon, les salles d'exercices, d'argumentation et de recréation. Toutes ces salles sont peintes à fresque par des artistes en renom.

L'aile droite est consacrée à la chapelle qui est un bijou d'architecture et de décoration. Cette chapelle également voutée forme trois nefs et possède sept autels en marbres précieux. Le parquet est aussi en marbre et les peintures sont superbement exécutées. Les autres étages sont occupés par la bibliothèque, les chambres du supérieur et des autres prêtres, des chambres spéciales pour les évêques et enfin par les chambres des élèves qui se trouveront admirablement logés. Le collège est situé rue des Quatre-Fontaines, dans une des plus belles parties de Rome et c'est un des plus beaux établissements du genre, dans la ville éternelle. C'est M. l'abbé Leclair, aussi de Montréal qui, avec M. Vacher, en a surveillé les travaux. L'idée première de cette construction revient à M. Colin et il a fallu obtenir l'autorisation des gouvernements de Québec et d'Ottawa, car il n'est pas permis au

Séminaire de Montréal de transporter ou dépenser en pays étrangers, ses biens ou ses revenus. Ce somptueux établissement fait certainement honneur au Canada et sera une source fructueuse d'instruction pour ceux qui auront l'occasion d'y venir étudier, tout en se familiarisant aux habitudes du monde par l'expérience des longs voyages.

Je ne raconterai pas ici les détails de l'inauguration qui a eu lieu le 11 novembre dernier avec beaucoup d'éclat, car les journaux canadiens ont dû les publier. Qu'il me suffise de dire que le Chargé d'affaires d'Angleterre qui se trouvait au banquet de circonstance, a annoncé qu'il avait reçu ordre de son gouvernement de prendre l'établissement sous sa protection. M. Colin avec qui j'ai conversé longuement, va passer l'hiver à Rome. Il a été très malade et il ne fait que commencer à sortir. Il prend cependant du mieux tous les jours et tout fait espérer son prompt rétablissement.

Depuis que l'Italie s'est rangée du côté de l'Allemagne en se joignant à la triple alliance, tout ce qui touche son organisation militaire ne peut manquer d'intéresser les amis de la France. Je n'ai certes pas la prétention d'avoir étudié le mécanisme et l'organisation de l'armée italienne dans le peu de temps que j'ai passé en Italie, mais j'ai cependant observé autant qu'il m'a été possible de le faire. Il est généralement admis que les Piémontais font de bons soldats, mais il n'en est pas ainsi des Siciliens et des Italiens du Midi qui peuvent être très braves individuellement, mais qui sont parfaitement incapables d'être disciplinés. Les régiments que j'ai vu défiler n'avaient pas une apparence très formidable, il faut l'avouer ; mais dans la question de bravoure et de valeur personnelles, on sait que ce n'est ni l'uniforme ni la raideur automatique des mouvements qui font les bons soldats. Les officiers que l'on rencontre à chaque pas, dans la rue et dans les restaurants, sont un peu vêtus comme des brigands d'opéra-comique, enveloppés comme il le sont continuellement, dans d'immenses manteaux grisâtres, couleur de muraille, comme aurait dit Ponson du Terrail. Cette présence continuelle des officiers dans les rues, rappelle malheureusement un peu les officiers français avant la guerre de 1870, car il est élémentaire qu'un godelureau en uniforme qui se ballade sur l'asphalte pour lorgner les jolies femmes, ne peut pas en même temps étudier sérieusement tous les détails et toutes les difficultés techniques du métier du soldat d'aujourd'hui. Aussi en France, est-ce un peu par hasard que l'on aperçoit un képi d'officier dans les rues, car tout le monde travaille sans relâche depuis le général jusqu'au plus humble pioupiou. L'Italie n'en est pas encore évidemment arrivée là, et son armée, pour le moment, ne pourrait servir qu'à faire une bien faible diversion en cas d'une guerre européenne.

Chacun sait que l'Italie en général a la réputation de produire plus de mendiants que n'importe quel autre pays du monde. Si c'est vrai pour Naples et pour la Sicile, ce n'est certainement pas vrai pour Rome et pour les grandes villes du Nord de l'Italie. Je n'ai pas vu plus de mendiants à Rome, à Florence, à Venise, à Turin et à Gênes, qu'on en voit généralement à Montréal ou dans n'importe quelle ville du Canada. Et au point de vue de la propreté des rues, du système des voitures publiques et surtout de la perfection du service des tramways, Montréal pourrait avec le plus grand avantage prendre et suivre l'exemple de plus d'une grande ville italienne.

Le trajet de Rome à Naples est fort intéressant et doit toujours être fait de jour par le touriste qui veut se rendre compte du pays qu'il visite, sous tous ses aspects. Au sortir de Rome on laisse d'abord à gauche les montagnes de la Sabine et à droite un aqueduc antique et la campagne romaine parsemée de ruines. Le pays qui est d'abord désert change tout à coup, au-delà d'une tranchée rocheuse, et la végétation reparaît dans toute sa splendeur méridionale. On passe Vélètre, Ceprano, Capoue, Caserte, Maddoloni, et après cinq heures de chemin de fer on aperçoit enfin, au Sud, le Vésuve couronné de son panache de fumée, avant d'arriver dans la plus grande, la plus peuplée, la plus bruyante et la plus curieuse des villes d'Italie.

DIX-HUITIÈME LETTRE

—

Messine, 25 déc. 1888.

J'ai attendu d'avoir quitté Naples avant d'écrire mes impressions, car c'est une ville si curieuse à voir et à étudier, que cinq jours suffisent à peine pour voir ses musées, ses églises et pour visiter le Vésuve, Herculanum et Pompéi. C'est à bord du steamer qui conduit à Messine que je consulte mon guide et que j'essaie de rassembler mes souvenirs.

Je me rappelerai toujours notre arrivée en gare de Naples, à deux heures de l'après-midi, par une superbe journée ensoleillée. Une foule bariolée encombrait la place et il fallut tous mes efforts pour empêcher tout un régiment d'officieux de s'emparer de nos effets. Chacun criait, gesticulait, s'injuriait, se bousculait et le pauvre voyageur aux abois, après avoir traversé cette cohue multicolore, remerciait Dieu, lorsqu'il avait rejoint l'omnibus de son hôtel. La voiture s'ébranle et il s'agit de traverser la ville entière pour se rendre à l'hôtel du Vésuve, situé sur les quais Santa Lucia près du Pausilippe.

Nous traversons le quartier du Marché, aux rues étroites, bordées de hautes maisons, où grouille une population misérable, vivant dans la rue, sur le seuil des portes. Dans les rues un peu larges sont installées des échoppes en plein vent, marchands de pommes de terre bouillies, de fritures, de salaisons, de poisson et de fruits où viennent s'approvisionner les habitants qui ne font presque rien cuire, chez eux. Qui n'a pas vu ces rues de Naples ne peut s'en faire une idée. C'est une scène pittoresque, pleine de mouvement et amusante à regarder, si tout cela n'était pas si sale, si misérable. Nous rencontrons un enterrement sur la route et nous apercevons à la suite du cortège, une foule de bonshommes vêtus de blanc des pieds à la tête, avec des masques blancs sur la figure, et pleurant à pleine tête la mort du défunt. Ce sont les pénitents blancs payés pour la cérémonie. Nous prenons les quais encombrés de *lazzaronis* et l'omnibus est entouré d'une foule de mendiants, hommes et femmes, qui tendent la main et qui suivent la voiture en courant. Nous arrivons enfin à l'hôtel encore tout ahuris de la scène que nous venons de contempler.

J'ai dit dans mes précédentes lettres que les villes de l'Italie du nord étaient propres, bien bâties et que la mendicité n'y était pas pratiquée plus qu'à Montréal. Il n'en est pas de même de Naples où les rues sont sales et où les mendiants pullulent. Il n'y a pas jusqu'à certains ordres de moines et de religieuses, aussi sales que la population qui les entoure, qui ne se mêlent de mendier et d'arrêter les passants en pleine rue. Il est d'ailleurs compris, à Naples, que les étrangers sont des oiseaux de passage qu'il faut plumer, et ces bons Napolitains y mettent une ardeur et un enthousiasme méridionaux. Les voitures, très nombreuses, n'y sont pas chères. Les chevaux, petits, trapus, entiers, au poil soyeux, avec leurs harnais ornés de cuivre et d'argent, sans mors et sans collier, sont pleins d'ardeur et filent très vite. Mais les cochers napolitains sont les cochers les plus effrontés, les plus menteurs, les plus voleurs et les plus polissons qu'il soit possible de trouver en Europe ou ailleurs. Ils ennuient les piétons, les harcèlent, les apostrophent, les suivent et les embêtent de toutes les manières imaginables.

A Naples et aux environs, plus que partout ailleurs en Italie, le voyageur devra faire ample provision de patience, car il sera obsédé par les officieux, guides, *facchini*, *lazzaroni*, mendiants, vendeurs et vendeuses de bouquets, de fleurs, d'objets en corail, de peignes d'écaille, de bois travaillé, d'allumettes, de journaux, sans compter les musiciens et les joueurs de pianos mécaniques. Il faut toujours avoir le soin de remplir son gousset de menue monnaie pour tous les petits pourboires à donner. Ceci dit, j'ai présenté le côté sombre de la grande ville et je vais maintenant vous parler de ses merveilles.

Naples est aujourd'hui une ville de 495,000 habitants, bâtie sur le versant de plusieurs collines et descendant en amphithéâtre jusqu'à la mer.

Ce qui donne à Naples un charme incomparable, ce sont moins ses collections artistiques et ses monuments que la merveilleuse beauté du cadre qui l'entoure ; son ciel bleu, son golfe avec ses îles de Procida, d'Ischia et de Capri, ses collines couvertes de villas et de bosquets, et, au fond, le Vésuve fumant, forment autour d'elle un panorama sans égal.

La ville, qui se développe au bord du golfe sur une étendue de plus de cinq kilomètres, se compose de deux parties que séparent les collines de Capodimonte et de Pizzofalcone, couronnées par les forts St. Elme et de l'Œuf. La parti Est, à la fois la plus ancienne, la plus grande et la plus commerçante, est traversée tout entière, du sud au nord, par la rue de Tolède (aujourd'hui rue de Rome), qui se prolonge jusqu'à l'extrémité de la ville sous le nom de rue de Capodimonte. C'est là que se trouvent les principaux monuments de Naples, sur la place du Plébiscite : le Palais royal et le Théâtre San Carlo ; le Castel Nuovo, château fort du XIIIe siècle, qui renferme un magnifique arc de triomphe élevé, en 1470, en l'honneur d'Alphonse d'Aragon ; l'église Sant'Anna di' Lombardi (1414) dont les chapelles contiennent de remarquables tombeaux sculptés ; l'église de l'Incoronnata (1952), où l'on voit d'excellentes fresques de Giotto ; le Palais Fondi ; l'église Santa Chiara (1310) qui renferme les magnifiques tombeaux gothiques des princes normands ; San Domenico Maggiore, église gothique du XIIIe siècle, somptueusement décorée, dans laquelle les grandes familles ont leurs chapelles et leurs caveaux ; le Palais San Angelo : le Couvent de San-Severino, décoré de fresques de Zingaro, renfermant les archives du royaume de Naples, riche collection de 40,000 chartes et de nombreux manuscrits de l'époque de la maison d'Anjou ; l'église Santa Maria del Carmine, que surmonte une haute tour et où se trouve le tombeau de Conradin, le dernier des Hohenstaufen ; la Cathédrale (1272,1316), bel édifice gothique, où l'on conserve, dans une magnifique chapelle décorée de marbre et d'or, le sang du saint Janvier.

A l'extrémité de la rue de Tolède, se trouve le Musée national qui possède une collection d'antiquités trouvées à Herculanum, à Pompéi et à Stabies ; c'est la plus belle et la plus intéressante qui existe avec ses peintures murales antiques, le *Taureau* et l'*Hercule Farnèse ;* les tables d'Héraclée ; la *Vénus de Capoue ;* la mosaïque de la *Bataille d'Alexandre ;* sa collection de 3,000 papyrus romains trouvés dans une villa près d'Herculanum : ses vases antiques, etc.

Le palais de Capodimonte, situé sur une hauteur au nord de la ville et entouré de beaux jardins, renferme des galeries de tableaux, de porcelaines et d'armures. A peu de distance, s'ouvre l'entrée des Catacombes qui surpassent, par leurs grandes dimensions, les catacombes de Rome.

Les nouveaux quartiers de Naples s'étendent au bord de la mer, sur le versant du Pausilippe. C'est sur le Chiaja et la Villa nationale, belles promenades qui longent le golfe sur une étendue de deux kilomètres, que se donnent rendez-vous les étrangers et la société élégante de la ville. A l'extrémité de la Chiaja, on visite, sur une hauteur, un petit monument que l'on dit être le tombeau de Virgile, et la grotte de Pausilippe, tunnel qui ouvre un passage à la route et dont on fait remonter l'origine au temps d'Auguste.

Les environs de Naples abondent en excursions intéressantes et en sites admirables dont les noms sont connus de tous : les Camaldules, le Vésuve, où l'on se rend par un chemin de fer funiculaire, Herculanum, Pompéi, Castellamare, Pouzoles, Procida, Ischia, etc.

Mais pour moi, la plus grande et la plus merveilleuse curiosité de l'Italie, c'est Pompéi. Une ville toute entière est là sous nos regards, conservée telle que l'ont laissée ceux qui l'habitaient il y a 1800 ans. On erre dans ses rues, on visite ses édifices, on pénètre dans les pièces les plus reculées des maisons particulières et on retrouve sur le pavé la trace du dernier char qui l'a traversée.

Ensevelie sous la cendre, le 24 août 79 de notre ère par une éruption du Vésuve, Pompéi resta oubliée pendant 17 siècles. En 1748, on commença les fouilles, et aujourd'hui un tiers de la ville se trouve à découvert. On suppose qu'elle avait une population de 20 à 30,000 habitants, dont 2,000 périrent dans la catastrophe ; le autres prirent la fuite. Les rues, droites et généralement larges de sept mètres y compris les trottoirs, sont pavées de blocs de lave ; aux angles sont des fontaines décorées de sujets divers. Les maisons construites en béton ou en briques, ont pour la plupart deux étages. On reconnait celles de la classe aisée aux peintures à fresque qui décorent les murs. Les plus importantes de ces peintures ont été transportées au musée de Naples.

Les curiosités qui excitent particulièrement l'intérêt des visiteurs sont le Musée formé d'objets provenant des fouilles : la Basilique ; le Temple de Vénus, inachevé au moment de l'éruption et dans lequel on a trouvé une *Vénus* et un *Hermaphrodite*, et la place du Forum, où six rues viennent aboutir, située au centre de la ville. Sur trois de ses côtés règne un portique ; le milieu est pavé de grandes dalles et on y remarque 22 piédestaux destinés à recevoir des statues.

Au nord du Forum, le Temple de Jupiter ; à l'est, le *Chalcidicum*, qui servait probablement de Bourse ; le Temple de Mercure et le temple d'Auguste.

Dans les rues voisines du Forum, se trouvent : les Thermes ; la Maison du poëte tragique, une des plus jolies de Pompéi, où l'on a trouvé la fameuse mosaïque représentant un chien, avec l'inscription : *cave canem ;* celle de Pansa, habitation de luxe, avec l'atrium, le tablinum, le péristyle, l'œcus, la cuisine, et le jardin ; la maison de Salluste, avec fresques, etc.

Au-delà de la porte d'Herculanum, s'étendait un grand faubourg dont une partie seulement est mise à découvert. Il était traversé par la route militaire de Capoue à Reggio. Cette route, bordée de tombeaux, suivant l'usage des anciens, a reçu le nom de " voie des Tombeaux : " elle constitue la partie la plus intéressante de Pompéi. C'est là qu'est située la villa Diomède, dans les caves de laquelle furent trouvés 17 cadavres de femmes et d'enfants et des provisions de bouche ; les monuments de Servilia, de Scaurus, des Libella, etc.

Daus la belle rue de Mercure, qui aboutit au Forum, on remarque les maisons de Méléagre, d'Apollon, du Foulon : dans la rue voisine, la maison du Faune, ainsi nommée d'une statue du Faune que l'on y a trouvée, et la plus élégante de la ville.

A l'est du Forum, sont situées la rue de l'Abondance, les Thermes de Stabies ; la maison de Cornelius Rufus ; celle des Diadumenes. Au midi, le Forum, triangulaire, avec un portique où venaient s'abriter les spectateurs du grand et du petit théâtre qui s'élèvent sur la même place ; les temples d'Esculape et d'Isis. Enfin, à l'extrimité Est de Pompéi, isolé des autres parties de la ville, l'Amphithéâtre sur les gradins duquel pouvaient prendre place 20,000 personnes.

Le cadre d'une correspondance ne me permet pas d'ajouter à cette description succincte des merveilles de Pompéi, mais je le répète c'est pour moi, jusqu'à présent, la visite la plus intéressante de mon voyage.

Nous voici en rade de Messine par un temps superbe. Nous allons visiter Catane et Syracuse, en Sicile, avant de nous rendre à Malte où nous arriverons vendredi matin. Je vous fais grâce du Stromboli, des Lipari et de Charybde et Scylla que nous venons de laisser derrière nous.

DIX-NEUVIÈME LETTRE

La Valette, Malte, 27 déc. 1888.

Le voyage, par mer, de Naples à Syracuse, est tout bonnement superbe, à cette saison de l'année. C'est comme une excursion sur le St-Laurent au mois de juillet. Nous avons passé la Noël à Messine, le 26 à Catane et nous voici à Syracuse d'où nous partons ce soir pour Malte.

Messine avec sa banlieue a une population de 125,000 habitants et est un des principaux ports commerçants de l'Italie. Capitale de la province à laquelle elle a donné son nom, elle s'étend en amphithéâtre au bord de la mer. Elle a été plusieurs fois ravagée par la peste et par les tremblements de terre, celui de 1783 fit à lui seul périr plus de 40,000 personnes. La ville par elle-même n'offre rien de bien intéressant, si ce n'est par les souvenirs historiques qui s'y rattachent. Quelques heures suffisent pour la visiter. Le port est un des plus vastes et des plus sûrs de la Méditerranée et est un point de relâche pour la plupart des steamers qui vont à Alexandrie et à Constantinople. La cathédrale commencée en 1098 par le comte Roger est un mélange de tous les styles d'architecture et n'a d'intéressant que son antiquité. Le cap Faro à 12 kilomètres, est l'historique Charybde situé à l'endroit le plus resserré du détroit, entre la Sicile et la Calabre, en face du non moins célèbre Scylla. La mer y est très profonde et le flux et le reflux qui y ont lieu, de 6 heures en 6 heures, forment un courant d'une grande rapidité, très violent quand il se dirige au Sud. C'est ce phénomène qui a donné naissance à la fable antique du gouffre de Charybde.

Nous partons à 3 heures en touchant à Reggio, petite ville de la Calabre, où nous ne restons que quelques heures, pour nous éveiller le lendemain matin, en rade de Catane, au pied du Mont Etna. Catane est une ville de 100,000 habitants, construite en amphithéâtre et formant une série de terrasses étagées les unes audessus des autres, couvertes d'orangers et d'arbres fruitiers. Elle a été souvent ravagée par les tremblements de terre, la peste, les laves de l'Etna et le choléra. L'éruption seule du volcan, en 1669, fit 27,000 victimes et détruisit 300 maisons. La lave après avoir détruit 14 villages finit par arriver jusqu'aux ramparts de Catane et après s'être amoncelée, elle se déversa par dessus, en brûlant tout sur son passage. En dehors de sa cathédrale et de son superbe couvent des bénédictins, d'un théâtre antique de l'époque romaine, la ville ne possède que peu de monuments qui puissent attirer l'attention du touriste. C'est la patrie du compositeur Bellini, l'immortel auteur de *Norma* et de la *Somnambula*, dont les cendres reposent dans la cathédrale. Un superbe jardin et un monument splendide rappellent aussi la mémoire du grand musicien mort prématurément à l'âge de 33 ans. L'Etna est le volcan le plus élevé de l'Europe, ayant plus de 10,000 pieds de hauteur, mais sa hauteur varie un peu avec celle du cône qui le termine et qui est modifié à chaque éruption. Le sommet est couvert de neiges éternelles et l'ascension n'en est possible que de juillet à octobre. On dit que du haut de l'Etna la vue s'étend sur toute la Sicile et par un ciel très serein on peut découvrir les côtes d'Afrique. Après le Vésuve, c'est le volcan le plus célèbre du monde et son histoire se perd dans la nuit des temps.

Nous quittons Catane à destination de Syracuse, en cotoyant le littoral de la Sicile et nous jetons l'ancre dans un des plus beaux ports naturels de l'Europe, parfaitement garanti contre tous les vents.

Syracuse qui n'est aujourd'hui qu'une petite ville de 25,000 habitants, fut autrefois la ville la plus importante du monde grec. De toutes les parties dont était composée l'ancienne et opulente cité, la seule habitée aujourd'hui est l'île d'Ortygie, qui forme le moderne Syracuse. Elle est séparée de la terre ferme par un canal étroit que l'on traverse par quatre ponts-lévis. Le nombre des monuments de l'ancienne Syracuse est assez restreint, mais outre la célébrité du nom, l'intérêt puissant qu'offrent certaines ruines mérite d'y attirer les visiteurs. Il y a l'ancienne fontaine d'Aréthuse, l'amphithéâtre, le théâtre grec, l'oreille de Denys, les catacombes, le fort Euryale et les ruines du temple de Jupiter. Ce qu'on appelle l'*oreille de Denys*, est une caverne longue de 58 mètres et haute de 25. Les moindres bruits y acquièrent une résonnance extraordinaire, et on suppose que le fameux tyran de Syracuse, caché dans la partie supérieure, venait écouter les plaintes des victimes enfermées dans cette antique prison. Des travaux exécutés en 1854 ont fait reconnaître l'existence d'un aqueduc qui s'enfonce en terre à une profondeur de 28 mètres et à 5 mètres au dessous du niveau de la mer. Les rues de Syracuse sont étroites et tortueuses, et l'orientation dans la ville et dans les environs est très difficile sans les conseils d'un guide.

Nous partons à 11 heures du soir pour nous trouver le lendemain matin, en rade de la Valette, capitale de l'île de Malte. Chacun sait que Malte est une possession anglaise, située en pleine Méditerranée, sur la route du canal de Suez et de Constantinople, et ayant une population de 157,000 habitants. La Valette est une ville de 60,000 habitants, située sur une langue de roche entre deux ports admirablements fortifiés et ayant une très forte garnison anglaise.

Plus de 1500 steamers y font escale dans une année. Le gouverneur qui est toujours un général anglais, habite l'ancien palais des chevaliers de Malte, qui ont possédé Malte de

1530 à 1798. Ce palais est un monument historique très intéressant, construit en 1576, par le grand-maître La Cassière, et qui contient des tombeaux des chevaliers dans les douze chapelles qui l'environnent. Il y a de fort belles églises, une université catholique, une bibliothèque publique, plusieurs théâtres et de fort beaux édifices municipaux. On y montre la grotte de Calypso qui rappelle nécessairement les aventures de Télémaque. Le climat de l'île est tempéré en hiver, mais très chaud en été, comme dans tous les ports de la Méditerranée. La vie, à Malte, est d'un extrême bon marché, car il n'y a pas de tarif protecteur et tous les produits y sont admis en franchise. Nous changeons ici de steamer. Nous quittons le steamer italien de la compagnie *Fiorio-Rubattino* pour prendre le paquebot de la compagnie transatlantique qui fait le service de la Tripolitaine, de la Tunisie et de l'Algérie. Je dois avouer que je vais être heureux de me trouver de nouveau sous la protection du tricolore français, car si intéressante que soit l'Italie, avec ses monuments antiques et ses richesses artistiques, il fait toujours bon de se retrouver parmi les siens.

Notre séjour à Malte a été très agréable,

car on sent ici qu'il y a le gouvernement anglais, mais la population indigène de l'île, curieux mélange d'italien et d'arabe, ne me paraît pas très recommandable au double point de vue de l'amour du travail et de l'honorabilité individuelle. Les rues sont pleines d'hommes et de femmes qui flânent au soleil, surveillant l'horizon pour voir s'il n'y a pas quelque part quelque étranger à dévaliser. Ce que j'ai dit des cochers de Naples, comme audace et comme mensonge peut fort bien s'appliquer aux cochers de Malte. Ce sont les plus effrontés coquins du monde, qui vous demandent sans broncher un dollar pour une course que le tarif cote à dix cents. Il s'agit d'être assez malin pour ne pas se laisser dévaliser et il y a heureusement la police qui les met à la raison. Les marchands indigènes vous arrêtent aussi dans la rue pour vous offrir leurs bibelots à des prix exagérés, dont ils rabattent d'ailleurs de moitié, à première demande. Malte est le pays du marchandage par excellence, mais c'est certainement un endroit à recommander à ceux qui visitent les ports de la Méditerranée. Il fait actuellement un temps superbe et nous nous rendons, à l'instant, sur une place publique, pour y entendre la musique d'un des régiments anglais de la garnison. Un bel après-midi de juillet, au Jardin Viger, à Montréal.

VINGTIÈME LETTRE

Tunis, 31 décembre 1888.

Un retard inattendu du paquebot nous donne deux jours de plus à Malte et nous en avons profité pour visiter l'île et plusieurs de ses antiquités situées en dehors de La Valette. Au delà des fortifications de la capitale, on aperçoit une campagne poudreuse, découpée comme un vaste damier par un nombre infini de murs de pierres blanches, et couverte de villages aux proportions monumentales. Des montagnes sans arbres, un sol sans verdure, partout des pierres blanches qui réflètent un soleil brûlant, même en hiver, voilà l'île de Malte. La population se compose des Maltais proprement dits, des Turcs, des Arabes, des Tunisiens, des Grecs et des soldats de la garnison anglaise. On y parle un idiome arabe, ce qui fait que les Maltais s'entendent facilement avec les habitants de la côte barbaresque. Les Maltaises sont exclusivement vêtues de noir et sont coiffées de la *faldetta*, espèce de domino noir qui recouvre la tête, les épaules, la taille et sert au besoin de voile et de masque. Toutes les Maltaises, sans distinction de position sociale sont revêtues de ce costume qui ne varie que par la richesse du matériel.

J'ai rencontré à Malte un grand nombre d'officiers anglais qui ont servi au Canada et qui en ont gardé le meilleur souvenir.

Nous nous embarquons enfin sur le paquebot *Saint Augustin* de la compagnie Transatlantique et après une traversée de seize heures, nous nous trouvons le lendemain en rade de la Goulette, située à 18 kilomètres de Tunis où l'on se rend par un chemin de fer, en 35 minutes.

La Goulette (*Halq-el-Oued*, c'est-à-dire, le *gosier du fleuve*) est une petite ville plutôt européenne qu'arabe, de trois à quatre mille habitants ; elle est construite sur les rives d'un canal large de 25 mètres seulement qui fait communiquer le lac de Tunis avec la mer. Elle se divise en deux quartiers, la vieille et la nouvelle ville, chacun desservi par une gare. La Goulette tire une certaine importance de sa position qui en fait actuellement le port maritime de la capitale de la Régence. La profondeur du lac de Tunis est en effet trop faible pour en permettre l'accès aux gros bâtiments ; du reste, ceux-ci sont même obligés de mouiller à une certaine distance de la Goulette. Les paquebots mouillent à environ un kilomètre ; les navires de guerre jettent l'ancre à plus de deux kilomètres. L'importance commerciale de la Goulette tendra forcément à décroître par suite du creusement du port de Tunis dont les travaux concédés à la Compagnie des Batignolles vont incessamment commencer. La Goulette n'en restera pas moins une charmante station de bains de mer ; c'est en effet, avec la Marsa, le principal rendez-vous des Tunisiens qui fuient les chaleurs accablantes de la capitale.

La ville de la Goulette n'offre rien de bien particulier comme curiosité. Signalons la forteresse, qui défend l'entrée du canal et près d'elle une batterie de canons de tous calibres, gardés par des soldats Tunisiens, qui tricottent tranquillement des bas de laine, assis sur les affûts, et qui se lèvent, sans cérémonie, pour présenter les armes aux officiers qui passent. Tout cela est du plus haut comique.

L'Arsenal est affecté en partie au bagne ; les forçats liés deux à deux par d'énormes chaînes circulent dans la ville qu'ils sont chargés de nettoyer. Le Bey possède à la Goulette un palais qu'il habite pendant huit mois de l'année.

Tunis "*la verte*," "*la bien gardée*," *l'odorante*," "*la fleurie*," "*la blanche*," capitale de la Régence du même nom, est située sur le penchant d'une colline au fond d'un golfe de six lieues de circonférence qui communique avec la mer par l'étroit canal de la Goulette.

Tunis date probablement de la même époque que Carthage ; mais, absorbée qu'elle était par sa puissante voisine, elle ne devait avoir que très peu d'importance. Lorsque Carthage, qui avait été rasée, puis reconstruite par les Romains, fut à la fin du VIIe siècle définitivement détruite par les Arabes, Tunis, qui avait été successivement prise par les

Vandales, chassés bientôt par Belisaire, au Ve siècle, par les Perses, et enfin par les Arabes, devint la cité la plus populeuse de la région.

En 1270, St. Louis s'empara du Chastel de Carthage ; mais, frappé de la peste, il mourut sur un lit de cendres avant d'avoir pu se rendre maître de Tunis. Au XIIIe siècle, Tunis avait acquis une grande importance commerciale, car les Maures chassés d'Espagne étaient venus s'y fixer. En 1535, Charles-Quint, aidé par les esclaves chrétiens révoltés, s'empara de la ville, défendue par Barberousse, qui s'en était emparé au nom des Turcs, et la donna à un prince vassal. En 1573, les Espagnols furent chassés à leur tour et jusqu'en 1881, Tunis resta sous le gouvernement de princes vassaux des Turcs.

Le 12 mars 1881, à la suite de l'expédition française contre la tribu de *Khroumirs*, qui sans cesse violaient et pillaient la frontière française d'Algérie, fut signé, au Bardo, entre le bey de Tunis, Mohammed El-Sadock, prédécesseur du bey actuel, et le gouvernement français, un traité établissant le protectorat français en Tunisie.

En vertu de cette convention, la Tunisie, encore officiellement puissance musulmane, est aujourd'hui gouvernée par le bey, sous le contrôle et la protection de la France. Le bey continue d'exercer un pouvoir absolu dans les affaires intérieures de la Régence ; mais la France se charge d'en défendre la sécurité à l'extérieur, et en administre les finances par l'intermédiaire d'un Résident général. Elle dispose par conséquent des ressources militaires et des finances du pays.

La population de Tunis est de 125,000 habitants, dont 75,000 Musulmans, 25,000 Juifs et 25,000 Européens.

La langue universellement parlé à Tunis, sauf dans le quartier européen, est l'arabe ; seulement cet arabe est plus ou moins défiguré et transformé en un patois spécial, surtout par les nègres et les Maltais. En somme un assez grand nombre de mots et des plus usités à Tunis ne seraient pas compris, par exemple, par un Algérien, et réciproquement.

Les Israélites ne se servent de l'hébreu que pour les cérémonies du culte, mais ils écrivent "l'arabe parlé" avec les caractères hébraïques.

Parmi les langues européennes, il n'y a guère d'usité que l'italien et le français, mais principalement l'italien.

Les quatre rites musulmans : *Malekite, Hanéfite, Chaféite* et *Hanébalite*, dont l'ensemble forme la grande division des *Sunnites*, opposée a celle des *Chéites*, sont représentés à Tunis.

Le rite dominant est le rite malekite ; cependant le bey de Tunis et les descendants des Turcs suivent le rite hanéfite spécial aux Ottomans.

Tous les Israélites sont *talmudistes*, mais ils ont deux administrations religieuses différentes, l'une pour les *Tounsi*, l'autre pour les *Gourni*.

Les populations de races différentes qui sont venues successivement s'établir en Tunisie, Arabes, Maures, Turcs, Grecs, etc., se sont tellement mélangées avec la race berbère ou indigène et entr'elles, que les types qu'on y rencontre sont variés à l'infini, et qu'il est fort difficile de les faire rentrer dans des catégories bien distinctes.

Cependant on peut établir entre tous ces types certaines classifications. Le Berbère ou *kabíle* est petit, trapu ; sa physionomie diffère de celle de l'Arabe. L'ovale du visage est plus large et moins régulier, les cheveux moins noirs ; il a la bouche lippue, les yeux bleus, le teint brûlé par le soleil.

L'Arabe proprement dit est de plus haute taille, il a le front fuyant, les yeux noirs, les lèvres plus minces, la barbe assez rare et noire ; le teint est bistré.

Les Maures, ou Arabes citadins, ont le teint blanc, le visage ovale, le nez long, la barbe très noire, et peu fournie. Ils sont remarquables par la pureté, la douceur, et la beauté de leurs traits. Graves et paisibles ils sont tout à la fois hautains et polis. Très accessibles à la civilisation des Européens, dont ils recherchent le contact, ils se sont pliés rapidement aux mœurs occidentales du moins en ce qu'elles n'ont pas de contraire à leur religion. Un assez grand nombre d'entr'eux parlent déjà un peu la langue française.

L'élément turc a cessé de s'accroître en Tunisie ; on n'y voit plus guère de Turcs proprement dits.

Bien que l'esclavage soit aboli dans la Régence, on rencontre un assez grand nombre de nègres, dont la plupart sont de basse condition.

Quant aux Juifs, il est facile de les distinguer à leur type bien connu.

C'est certainement un des plus curieux spectacles que l'on puisse voir que le mélange, à Tunis, de toutes ces populations d'origines si diverses. Aux alentours de la Porte de France c'est un va-et-vient incessant de gens de toutes nations et de tous costumes.

Les Berbères et les Arabes sont drapés dans des burnous blancs. Les Maures, fort élégants, affectionnent les couleurs très claires, bleu tendre, crême, pêche ; les étoffes qui composent leur costume, souvent fort riche, sont toujours choisies avec beaucoup de goût ; ils portent la chéchia rouge enveloppée du turban blanc et quelquefois vert. Leurs femmes sont également vêtues de couleurs claires, mais elles sont enveloppés dans des burnous et leur visage est caché par un voile noir ; presque toutes elles sont beaucoup trop grosses, ce qui rend leur démarche lourde et disgracieuse.

Les Juifs italiens ont le costume européen mais ils portent la chéchia. Les autres ont à peu près l'habillement des Maures, à l'exception du turban, qui est noir. Les femmes juives, non moins lourdes que les Mauresques, sont curieusement vêtues d'un pantalon collant de soie blanche, ont le visage découvert et sont coiffées d'un bonnet pointu et doré qui produit l'effet le plus pittoresque. S'il y a des jolies femmes à Tunis—et il doit y en avoir—on n'en rencontre guère dans les rues et on doit les tenir soigneusement cachées dans les harems.

Si les Tunisiens sont religieux sans être fanatiques, s'ils sont doux et bienveillants, en revanche on me dit qu'ils ont pour la plupart des mœurs assez corrompues. La loi musulmane les autorise à avoir quatre femmes. Mais, à l'exception des riches négociants, la plupart n'usent plus de cette permission. Quand aux sérails, la traite des esclaves a été abolie et il n'en existe plus.

Maintenant, quant à la description de Tunis, j'en trouve une fort curieuse qui date de 350 ans et que j'emprunte au curieux travail de Léon l'Africain qui a été traduit en vieux français par Jean Temporal (Lyon, 1536.) Ce tableau si ancien qu'il soit, est encore de la plus grande vérité et je le cite aussi à titre de curiosité littéraire :

" Thunes est appelée des Latins *Tunetum* et *Tunis* par les Arabes. Elle est pour le présent une des singulières et magnifiques cités d'Afrique. Des bourgs à l'entour d'elle, l'un est hors de la porte Beb Sunaica (Bab-es-Soiuka), qui contient environ troys cents feus. Un autre hors de la porte nommé Beb-el-Manera (Bab-ed-djezira), qui en fait mille, et tous ces deux remplis d'une infinité d'artisans : comme apoticaires, pescheurs et autres. En ce dernier, il y a une rue séparée quasi comme si c'était un autre bourg, et là font résidence les chrétiens de Thunes, desquels le Seigneur se sert pour ses gardes, étans encore, qu'ils vaquent à autres offices : esquels les Mores ne se daigneroyent employer. Il s'est fait encore un autre bourg qui est hors de la porte appelée Bab-el-Bahar, qui signifie la porte de la marine ; laquelle est prochaine du lac de la Golette environ demy mile, et là vont loger les marchands chrétiens étrangers, comme les Genevoys, Veniciens et ceux de Cataloigne ; lesquels ont tous leurs boutiques, magazins et hoteleries séparées d'avec celles des Mores ; mais les maisons sont petites de sorte que, comprenant la cité et les faubourgs, le tout peut contenir dix mille feus. La cité est fort belle et bien gouvernée : et avec ce qu'elle est fort peuplée, et habitée de gens qui sont à peu près tous artisans, et principalement tissiers de toiles, lesquelles se vendent par toute l'Afrique ; pour ce qu'il s'en fait une infinité, et bonnes en perfection. Outre ce qu'il y a un grand nombre de boutiques de marchands, estimés les plus riches de Thunes, avec un grand nombre d'autres artisans, comme ceux que vendent les parfumeurs, veloutiers, couturiers, selliers, peletiers, fruitiers, ceux qui vendent le lait, les autres qui font fritures en huile, et bouchers. Il y a encore plusieurs autres métiers, si je voulay décrire particulièrement, ce seroit une chose non moins utile que superflue. Le peuple est fort courtoys et amyable et les prêtres, docteurs, marchands, artisans, ensemble tous ceux qui sont commis à quelque espèce, se tiennent magnifiquement en ordre portans des turbans en tête...

Il ne se trouve dans la cité aucun moulin assis sur l'eau, mais on les fait tourner par des bêtes. Il n'y a fleuve, fontaine, n'y aucun puys d'eau vive, mais en défaut de ce, les habitants ont plusieurs citernes, dans lesquelles s'écoule et demeure l'eau de la pluye ; vray est qu'il se trouve plusieurs bons puys, mais ils sont réservés pour le Roy et sa cour. Là se voit un beau temple fort spacieux, selon le revenu duquel on y institue une grande quantité de prêtres, et s'en trouve d'autres par les bourgs de la cité, mais de moindre grandeur. Outre ce, il y a plusieurs collèges et monastères de religieux, lesquels ont bon moyen de s'entretenir honnêtement de grandes aumônes du peuple. La plus grande partie des bâtiments est de pierre de taille d'asses belle montre. Il y a forces étuves. Hors la cité il y a plusieurs possessions produisant de beaux fruits. Quant aux jardins, ils sont quasi en infinité remplis d'orangers, citrons, roses, fleurs gentilles et souëves, mêmement en un lieu appelé Bardo, là où sont les jardins et maisons de plaisance du Roy..."

D'un autre côté, M. Victor Guérin a fait de Tunis une description plus moderne, dans laquelle il dit :

" Si Tunis offre de loin l'aspect d'une belle et magnifique cité, on est vite désenchanté, quand on en approche et surtout quand on y pénètre ; c'est la déception que causent généralement les villes de l'Orient dont la disposition est admirable et le coup d'œil d'ensemble si frappant, et qui, parcourues dans leur intérieur, détruisent elles-mêmes le charme qu'elles avaient produit...... Tunis forme intérieurement, un réseau confus et irrégulier de rues et de ruelles mal percées, mal bâties, encore plus mal entretenues..... Deux ou trois artères la sillonnent néanmoins dans une grande partie de son étendue et sont comme autant de points de repère pour l'étranger qui s'aventure sans guide dans ce dédale presque inextricable...... Le quartier habité par les Juifs et dans lequel pullule une population pressée et misérable ou affectant les dehors de la misère est le plus immonde de tous."

D'importantes améliorations ont été faites depuis l'arrivée des Français à Tunis. Des patrouilles bien organisées parcourent la ville en tous sens et la lune qui autrefois éclairait seule les rues tortueuses, lorsqu'elle se montrait, a aujourd'hui pour auxiliaires des reverbères au gaz qui permettent à l'étranger attardé de retrouver facilement son chemin.

Les *Souks* ou bazars constituent la principale curiosité de Tunis et méritent une description à part. Ce sont de véritables labyrinthes qui sont protégés contre les rayons du soleil soit par des voûtes percées d'étroites ouvertures, soit par des planchers ; les boutiques, très étroites, et généralement élevées au-dessus du sol ne reçoivent de jour que par l'ouverture de la porte ; ces boutiques servent à la fois d'atelier et de magasin. Le client s'assied devant la boutique dans un espace qui lui est ménagé sur des bancs disposés à cet effet. Citons en première ligne le fameux souk *des Parfumeurs* ou souk *El-Attarin* situé dans le bas de la rue des Parfums.

C'est dans ce souk que des marchands arabes, fort bien mis et la plupart, paraît-il, fort riches, vendent dans des boutiques microscopiques—au fond desquelles ils sont nonchalamment étendus ou plutôt couchés—les essences de rose, de géranium, etc., les pastilles parfumées, les savons, le henné, etc. L'ensemble de toutes ces odeurs, très agréable aux indigènes, qui en font d'ailleurs une grande consommation, impressionne violemment le passant qui n'est pas habitué comme eux aux odeurs fortes des parfums d'Orient.

La partie supérieure de la rue des Parfums est occupée par le souk juif *des Tailleurs*. C'est dans ce souk et dans la rue transversale qui se trouve à l'extrémité de la rue des Parfums qu'ont lieu tous les jours de 9 heures à midi les criées arabes, fort curieuses. Cette partie des souks présente le matin (sauf le samedi) une animation extraordinaire. C'est un va-et-vient continuel d'Arabes, d'Israélites qui se poussent, se heurtent, cherchant à se frayer un passage à travers une double haie de curieux. Au milieu de toute cette cohue, augmentant la confusion générale, montent et descendent sans cesse une quantité de crieurs portant sur leur tête des étoffes, des ceintures, des vêtements, agitant au bout de leurs bras des montres, des armes dont ils crient les prix.

Non loin de là, dans un autre souk, sont criés les vêtements d'occasion pour femmes. On remarque les pantalons ou *serouals*, et les vestes en velours de couleur tendre, garnies de fil d'or ou d'argent.

Le *Souk du Bey*, qu'on trouve en continuant la partie de la rue transversale où sont les deux criées de meubles, est certainement le plus beau des souks ; il est droit, large et bien éclairé ; les boutiques deviennent presque des magasins ; mais c'est précisément à cause de cela un des moins pittoresques ; on y vend des tissus.

Citons pour terminer le souk des *Chéchias*, le souk des *Selliers* intéressant à visiter, le souk des *Orfèvres* composé d'une quantité d'impasses qui en font un véritable labyrinthe ; le souk de la *Laine* où les boutiques encore plus étroites, si c'est possible, que dans les autres souks, sont presque dans l'obscurité ; le souk des *Armuriers*. Enfin tous les genres de métiers ont leur souk où l'on vend presque exclusivement les mêmes objets. Il y a le souk des *Forgerons*, le souk des *Revendeurs*, etc. Il y a même le souk des *Libraires!* Et avant 1846 il y avait—ce ne devait pas être le moins curieux de tous—le souk des *Esclaves*.

Quant aux fabricants de chaussures, leur nombre est incalculable. Leurs boutiques occupent plusieurs galeries des souks et on en trouve dans tous les quartiers de Tunis. On se demande ce que deviennent toutes ces chaussures jaunes ou rouges, en voyant une partie de la population marcher pieds nus.

Les souks, aux époques des grandes fêtes musulmanes ainsi qu'au 14 juillet, sont brillamment illuminés et produisent alors le plus curieux effet.

Sous le rapport commercial, Tunis ressemble aux autres villes de l'Afrique et de l'Orient. Les *amins* ou syndics règlementent chaque corporation.

Je parlerai, dans ma prochaine lettre du quartier européen, des ruines de Carthage, du *Bardo*, célèbre palais du bey, situé en dehors des murs de Tunis, et de la chapelle de St. Louis.

VINGT-ET-UNIÈME LETTRE

—

Tunis, 2 janvier 1889.

M. Goblet, ministre des affaires étrangères, avait eu la courtoisie, lors de mon passage à Paris, de me donner une lettre particulière pour M. Massicault, résident général de France en Tunisie. J'ai saisi l'occasion du premier janvier, pour remettre ma lettre et pour aller présenter mes hommages à l'éminent diplomate qui est, de fait, le véritable gouverneur-général de ce pays, placé sous le protectorat français. M. Massicault, qui me reçut avec la plus grande politesse, m'invita à assister à la réception officielle qu'il donnait, le même jour, aux membres de la colonie française et aux autorités tunisiennes. Les princes Mustapha-Bey et Mohammed-Bey, fils du bey, vinrent, les premiers, présenter les hommages de leur père au résident général de

France. Le prince Mohammed-Bey prononça en français, la petite allocution qui suit :

> Monsieur le ministre,
>
> Son Altesse, notre auguste père et souverain, a chargé ses enfants de vous apporter, à l'occasion de la nouvelle année, ses vœux cordiaux et ceux de sa famille pour la France, son gouvernement et votre personne
> Son Altesse ne sépare pas les intérêts de la France, qui la protège, de ceux de son royaume. Elle les recommande également à Dieu.

M. Massicault remercia le prince et le pria de faire agréer par le bey ses souhaits respectueux pour lui, pour sa famille et pour son royaume, dont les destinées sont entièrement unies à celles de la France. C'était la première fois que les deux fils aînés du bey, les princes Mustapha et Mohammed, étaient chargés d'une pareille mission. Ce fut ensuite un défilé continuel, pendant trois heures, de tout ce que Tunis compte de notabilités militaires, financières, industrielles et officielles. Les officiers français en grande tenue, chamarrés de décorations ; les officiers tunisiens dans leurs costumes d'une richesse toute orientale ; les autorités municipales, curieux mélange de Maures et d'Européens ; enfin tous ceux qui se faisaient un devoir et un honneur de venir saluer le représentant de la France. La musique du 4e Zouaves jouait sur la place en face du palais de la résidence, et la journée se termina par une brillante retraite aux flambeaux, par toutes les musiques réunies de la garnison, au milieu des acclamations de la foule et d'un enthousiasme indescriptible. J'aurais bien voulu voir là, pour applaudir comme moi, ceux qui font mine de douter de l'influence et de la popularité du nom français, en Orient. Les plus sceptiques — j'allais dire les plus malveillants — auraient été forcés de se rendre à l'évidence.

Le quartier européen de Tunis est de construction toute récente. Aussi le contraste entre ce quartier et les quartiers anciens dont j'ai parlé à grands traits, est-il tout à fait saisissant. C'est en réalité une ville européenne. encore en voie de formation, mais déjà fort importante, appuyée contre la ville arabe. Toutes les rues sont de larges et belles avenues, bordées de belles constructions à deux ou trois étages, dont presque tous les rez-de-chaussée sont occupés par des magasins européens et des cafés.

Un très beau boulevard qui va de la porte

de France jusqu'au lac, partage en deux, de l'ouest à l'est, le quartier européen. Ce boulevard, de près de 1,000 mètres de longueur, s'appelle avenue de France jusqu'à la place de la Résidence, où sont situées la Résidence française et, en face, la Cathédrale. La place de la Résidence est ornée d'un petit square au milieu duquel se trouve un jet d'eau. Il prend ensuite, jusqu'à la Douane, le nom d'avenue de la Marine.

Quant aux mosquées de Tunis, il est impossible — comme d'ailleurs dans toute la Tunisie, sauf, chose assez singulière, à Kairouan — il est absolument impossible, disons-nous, de les visiter.

Du reste, tout l'interêt de Tunis réside non pas, comme dans la plupart des grandes villes d'Europe, et particulièrement d'Italie, dans les monuments, qui sont presque tous des merveilles d'architecture et de sculpture à l'extérieur, et à l'intérieur de véritables musées. Non, il n'y a à Tunis ni monuments, ni musées, mais ce qui en fait une des villes les plus curieuses qu'il soit donné de visiter, c'est la rue, ce sont les souks avec leur mouvement incessant de gens de tous types, de tous costumes, de toutes nationalités.

Si l'on excepte quelques sites charmants, le Bardo et les ruines de Carthage, les environs de Tunis offrent peu d'intérêt.

Quelque soit la porte par laquelle on en sort, on est très étonné de se trouver tout à coup dans la plus complète solitude. Quelques forts situés à l'ouest de Tunis, et d'ailleurs en très mauvais état ; partout un sol aride et inculte ; ça et là quelques troupeaux de chèvres noires gardées par de grands pâtres déguenillés,

Le palais du Bardo, palais d'hiver du Bey, est une vaste construction arabe, entourée de murs flanqués de bastions qui ressemble plutôt à une vaste caserne, agencée sans art et sans goût. Il est situé à deux kilomètres de Tunis et paraît aujourd'hui presque abandonné, si l'on excepte quelques pauvres marchands arabes accroupis dans les couloirs dont ils ont pris possession, et qui vous offrent en passant, leurs bibelots d'une valeur absolument négative. Après avoir franchi le vestibule, un couloir sombre conduit à une première cour ; un autre couloir conduit à une deuxième cour beaucoup plus belle. De cette cour on pénètre dans les appartements princiers par un bel escalier dit *escalier des lions*, ornés de six beaux lions en marbre blanc.

On visite avec intérêt la *salle du trône*, ornée des portraits en pied des souverains d'Europe et dont tout le fond est occupé par *le trône du Bey*, étincelant de dorures ; on remarque une autre salle où se rend en matière criminelle la justice expéditive que l'on sait.

Aussitôt le condamné emmené, la sentence est exécutée devant la porte du palais. On voit également l'ancien harem, actuellement transformé en musée.

L'excursion de Carthage, est de beaucoup la plus intéressante, nous serions même tenté de dire la seule réellement intéressante que le voyageur puisse faire dans les environs de Tunis. Les ruines de Carthage, dont l'importance a été et est encore contestée, méritent certainement d'attirer à un très haut degré la curiosité du voyageur. Certes il ne faut pas s'attendre comme à Pompéi à une reconstitution d'une ville ancienne, car on serait étrangement déçu ; mais l'ancienne capitale de l'Afrique a eu dans l'histoire une importance si considérable, qu'on ne saurait sans être profondément ému, en parcourir le sol. D'ailleurs on a retrouvé d'assez nombreuses ruines pour qu'on pût rétablir d'une manière à peu près certaine non seulement les limites de l'ancienne ville, mais encore la position de ses quartiers, la direction de quelques rues principales et l'emplacement de ses principaux monuments.

Je n'ai pas à faire ici l'histoire de Carthage que tout le monde connaît d'ailleurs; aussi me bornerai-je à citer quelques dates et quelques chiffres qui rendront plus intelligible la courte description que je vais faire des ruines de la grande rivale de Rome, avant l'ère chrétien. Carthage, située sur la côte nord-est de la Tunisie actuelle fut fondée vers 880 avant Jésus-Christ par les Phéniciens; elle s'enrichit de bonne heure par le commerce, et ne tarda pas à étendre sa domination sur tout le nord de l'Afrique, puis à se rendre maîtresse des îles Baléares, d'une partie de l'Espagne, de la Sardaigne, de la Corse et de la Sicile. La possession de ce dernier pays devint l'occasion d'une longue lutte avec Rome, connue sous le nom de *guerres puniques*, et dans laquelle elle finit par succomber. En 146 avant Jésus-Christ, Carthage tomba au pouvoir des Romains qui la détruisirent de fond en comble.

En 121 avant Jésus-Christ, Cartharge fut relevée par Caius Gracius, puis agrandie par César. Bientôt elle devint de nouveau la ville la plus importante de l'Afrique romaine. Les lettres et le christianisme y firent de rapides progrès, et furent illustrés par Apulée, Arnobe, Tertullien, St. Cyprien et St. Augustin.

En 439 avant Jésus-Christ, les Vandales s'emparèrent de Carthage ; mais Bélisaire la recouvra sous Justinien (534). Enfin les Arabes la prirent en 698 et la détruisirent définitivement.

Les Pheniciens donnèrent d'abord à la nouvelle ville le nom de *Byrsa*, mot qui paraît signifier tour et forteresse, et M. Victor Guérin, que j'ai déjà cité, en fait la description suivante :

> Quand la population se fut accrue, Byrsa devint une acropole. Autour d'elle les maisons se groupèrent en cercle, comme autour d'un refuge toujours prêt. On s'étendit vers les ports, puis sur toute la plage ; enfin en passant derrière la petite montagne de Sidi Bou-Said, on alla rejoindre encore la mer. De ce côté la plaine était fertile, les puits fréquents, l'irrigation facile ; les riches bâtirent des maisons entourées de haies vives et de frais jardins. C'était le quartier de Megara Ainsi se forma une ville qui comptait après quelques siècles de sept à huit lieues de tours et qui prit le nom de *Karthad-Hadtha*, la ville nouvelle, Carchédoa en grec. Carthage en latin.
>
> Byrsa fut fortifié dès sa fondation ; plus tard des cons-

tructions grandioses furent substituées aux fortifications primitives. Le VIe siècle avant J. C. vit l'extension merveilleuse de la puissance des Carthaginois.

La forme de Byrsa était à peu près rectangulaire ; elle était couronnée par le temple d'Esculape ; mais, ce n'est que par des efforts d'imagination que nous nous figurerons les autres édfices qui remplissaient Byrsa. L'histoire a omis tous ces détails parce qu'elle n'a été écrite que par les ennemis de Carthage. Muets sur ses splendeurs, ils n'ont d'éloquence que pour raconter sa ruine.

On visite d'abord les citernes, superbe monument échappé à la destruction de Carthage et qui sont encore dans un excellent état de conservation, et qui peuvent contenir à peu près 25,000 mètres cubes d'eau. Elles forment dix-sept réservoirs. Nous y avons déjeuné à l'abri du soleil et nous y avons puisé de l'eau à l'aide d'un seau suspendu à une poulie et dont se servent les pâtres et les touristes. Cette eau est très fraîche et très bonne. Près des citernes sont les ruines d'une tour qui en défendait probablement l'approche.

J'emprunte au travail de M. Louis Piesse sur l'Algérie et la Tunisie, la description de la chapelle de St. Louis, car c'est là, aujourd'hui, le monument le plus intéressant à visiter, aux environs de Tunis :

Vers l'extrémité orientale du plateau s'élève la chapelle Saint-Louis, au milieu d'un enclos entouré de murs.

On sait que le Bey Ahmed a concédé gratuitement à la France le sommet de la Byrsa, pour y ériger un sanctuaire en l'honneur du pieux monarque qui avait consacré par sa mort, sinon cet emplacement, du moins l'un des points de cette côte. Il est assez difficile de préciser avec exactitude l'endroit où, le 25 août 1270, Louis IX rendit le dernier soupir. Quoi qu'il en soit, c'est au milieu des ruines de Carthage où son armée était campée, qu'il succomba au fléau qui ravageait ses troupes.

La chapelle dont la première pierre avait été posée le 25 août 1840, fut inaugurée en 1842, avec une certaine pompe.

Sur une assez large enceinte, aplanie avec soin, entourée d'un mur d'appui et au milieu de laquelle s'élève une plate-forme ronde élegamment dallée à compartiments symétriques, et à laquelle on monte par six marches établies circulairement sur tout le pourtour, est construite la chapelle, d'une forme octogone. L'intérieur offre un rond-point entièrement libre au-dessous du dôme. On aperçoit ainsi dès l'entrée, au fond, en face de la porte, l'autel et au-dessus la statue de Saint-Louis, en marbre blanc des Pyrénées, due au ciseau de M. Emile Seurre. L'édifice est bâti en pierre appelée marbre de Soliman, avec des remplissages en pierre de tuf, du sol de Carthage et voûté en brique de Gênes avec enduit de mortier de chaux formant stuc à la manière du pays ; ses fondations s'appuient sur les bases du temple d'Esculape ou Eschmoun, dont l'immense escalier s'avançait sur la mer.

M. Jourdain, chargé de la construction de la chapelle, le fut également, en 1843, de l'exécution des dépendances nécessaires à sa garde, à son entretien, à sa desserte.

Ces dépendances consistent en un mur d'enceinte et trois corps de bâtiments à rez-de-chaussée et à terrasses, comprenant le logement du gardien, une sacristie et une salle d'attente pour les visiteurs. Ces bâtiments sont reliés entre eux par des cloîtres de forme ogivale. La chapelle est environnée d'un bosquet ombreux. Le jardin est orné de divers restes d'antiquités, trouvés soit à Carthage, soit sur d'autres points de la Régence. Les parois des cloîtres sont également couvertes d'inscriptions païennes ou chrétiennes, mais dont la plus curieuse, au point de vue géographique, est celle rapportée par M. Mattéi d'*El-Djem*, puisqu'elle donne le nom antique de cette localité : *Thysdrus*.

L'enceinte de Saint-Louis renferme des citernes dont l'eau est excellente. Pendant l'été le Bey de Tunis et les consuls étrangers y envoyaient puiser tous les jours.

Byrsa est peut-être le seul point de Carthage que Saint-Louis n'ait point occupé. Peu importe au fond la place choisie pour lui consacrer un monument. Il est d'un heureux augure que la France ait pris pied sur cette petite colline, qui a été le berceau de la puissance carthaginoise, et qu'ont habitée les proconsuls romains, les rois vandales, les grands généraux de Justinien...... Les Arabes eux-mêmes ont traîné la statue de Saint-Louis jusqu'au sommet de la colline.

Ils confondent *Sidi-Bou Saïd* le marabout, avec St. Louis qui, selon eux, se serait fait musulman, avant d'expirer.

Près de la chapelle sont aujourd'hui situés les bâtiments du grand séminaire et la superbe cathédrale de Carthage, élevée par les soins du Cardinal Lavigerie. Le musée fort intéressant contient une très belle collection d'objets antiques provenant de la Tunisie, mais principalement des ruines de Carthage. On y voit surtout une très belle collection de lampes carthaginoises et romaines des époques païenne et chrétienne ; des monnaies, des pierres gravées, des mosaïques, une fresque, des fragments de sculpture et une quantité d'objets trouvés, pour la plupart, dans les sépultures, parmi lesquels une superbe urne en verre bleu dont on a offert déjà, nous a-t-on dit, la somme ronde de vingt mille francs. On voit également dans le jardin qui entoure la chapelle de nombreux fragments de sculpture et une quantité d'inscriptions tombales qui ont été placées dans le mur même de la clôture du jardin.

En descendant vers la mer, on voit les vestiges d'un temple de Cérès et des bains de Didon et au dessous les ruines d'un temple de la Mémoire et du temple de Saturne.

On voit aussi les restes d'un vaste amphithéâtre, et les débris de grands édifices parmi lesquels on croit reconnaître les ruines de la basilique du roi Thrasamund ; mais je dois avouer qu'il faut faire de grands frais d'imagination pour reconnaître quelque chose parmi ces débris informes. Il en est de même pour l'emplacement de la maison d'Annibal et pour les ports militaires et marchands que l'on nous désigne, au milieu d'un fort beau jardin appartenant à la résidence d'été de Si-Moustapha, ancien premier ministre du Bey de Tunis.

Nous retournons à Tunis un peu fatigués de cette excursion, et sans avoir visité le village de Sidi-bou-Saïd qui s'élève sur la pointe du cap de Carthage. C'est un village habité par des Arabes fanatiques qui, récemment encore, en interdisaient l'entré aux Européens. Il tire son nom de Bou Saïd, le *père du bonheur*, marabout célèbre enterré-là.

Mon ami, Gaston Roullet, le peintre, faillit s'y mettre dans de mauvais draps, l'été dernier, en essayant de faire le croquis d'une mosquée. Il ne dut son salut qu'à un revolver qu'il avait prudemment mis dans sa poche et dont il menaça les fanatiques qui faisaient mine de l'attaquer.

VINGT-DEUXIÈME LETTRE

—

Constantine, 4 janvier 1889.

Nous avons été forcés de quitter la Tunisie sans visiter Bizerte, Sousse, Sfax et Kairouan la ville sainte. Le temps nous a manqué pour ces voyages qui ne se font pas d'ailleurs sans difficultés, car les communications ne sont pas encore faciles.

Avant de dire adieu à Tunis, je suis allé présenter mes hommages à M. et Mme Driant. Chacun sait que M. Driant, capitaine au 4e Zouaves, a épousé Mlle Boulanger, fille du général, au mois d'octobre dernier, et comme on nous avait fait l'honneur d'une invitation au mariage, c'est à Tunis que nous avons pu faire notre *visite de noces*. Le capitaine Driant qui est un ancien camarade de promotion de Sauvalle à Saint Cyr, venait de finir les trente jours d'arrêt que lui avait infligés le ministre de la guerre, pour avoir publié un volume sans l'autorisation nécessaire à tout officier en service actif. Les deux jeunes époux avaient pris la chose du bon côté et ne paraissaient pas trop marris de ces trente jours de tête-à-tête qui leur arrivaient ainsi, en pleine lune de miel.

Deux routes nous sont offertes pour aller de Tunis en Algérie : par mer, le paquebot de la Goulette à Bône, avec escale à la Calle ; et le chemin de fer, à travers la Tunisie par Ghardimaou, Duvivier, Guelma et Kroubs. Nous choisissons la dernière comme la plus intéressante et la plus pittoresque, et dès cinq heures du matin, nous sommes installés dans un wagon de première, qui doit nous conduire à Bône en 14 heures. Nous passons par la Manouba, qui est une réunion de jardins d'orangers et de villas appartenant aux grands fonctionnaires de la Cour du Bey ; plus loin Djedeïda, petite ville bien plantée, aux abords agréables, où l'on fabrique des chechïas. On suit la vallée de la Medjerda jusqu'à Ghardimaou. Cette petite rivière roule ses eaux limoneuses et saumâtres entre des berges plus ou moins escarpées, dans de vastes et fertiles plaines, où l'on aperçoit les pasteurs arabes employés, à cette saison, au labourage de la terre. On retrouve là les scènes pastorales que l'on a déjà admirées dans les superbes illustrations de la bible de Doré ; le ciel, le paysage, les costumes, les charrues primitives du temps des patriarches, rien n'y manque.

Tout ce pays a jadis été occupé et colonisé par les Romains et on retrouve partout leurs traces, on passe Medjez-el-Bab, la Membressa d'Antonin, illustrée à l'époque chrétienne par ses nombreux martyrs. Procope dans la *Guerre des Vandales* nous apprend que Bélisaire défit sous ses murs les armées du rebelle Stozas. Plus loin, Oued-Zerga qui, fut la scène du meurtre des employés français pendant la petite guerre franco-tunisienne ; Béja qui, à l'époque chrétienne, était la résidence d'un évêque et qui conserve encore aujourd'hui une muraille flanquée de vingt-deux tours et offrant les caractères d'une reconstruction byzantine ; Souk-el-Arba, Oued-Melez, enfin Ghardimaou sur la frontière de la Tunisie et de l'Algérie. Le chemin de fer qui nous conduit maintenant à Souk-Arras a nécessité des travaux remarquables. Il suit et coupe plusieurs fois la Medjerda que nous cotoyons toujours.

De verts paturages, des sources abondantes, des forêts de chênes-lièges feront plus tard de cette région, m'a-t-on dit, l'une des plus riches de l'Algérie-Tunisie. On passe Duvivier, et après quatorze heures de chemin de fer, on arrive enfin à Bône, ville de 30,000 habitants, commerciale et prospère, qui fut prise en 1830, par l'armée française, sous les ordres du général Damrémont. Comme toutes les villes d'Algérie, Bône possède deux quartiers bien distincts, celui de l'ancienne ville arabe, mal percé, mal bâti, avec ses rues montantes, et le quartier européen avec ses marchés, ses rues droites et larges, ses belles maisons, ses beaux magasins et son animation incessante.

Bône entretenait des relations commerciales avec l'Europe dès le XVIe siècle, et elle comptait alors 300 feux. Son commerce d'importation consiste principalement en matériaux de construction et d'objets fabriqués et d'alimentation. Elle exporte des minerais de fer, de zinc, de plomb et de cuivre, des céréales, du liège, du tanin, des fourrages, des bestiaux et des vins surtout. Bône possède une bibliothèque publique, un musée et une société savante dite *Académie d'Hippone*, fondée en 1863, et de nombreux établissements d'instruction publique et de bienfaisance. Les communications avec la France et le reste de l'Algérie sont nombreuses, et tout fait prévoir pour Bône un avenir brillant et prospère.

Nous nous trouvons ici à deux kilomètres d'Hippone, l'ancien siège épiscopal de Saint Augustin, et c'est naturellement le pèlerinage obligatoire des touristes et des voyageurs que d'aller visiter les ruines de la patrie du grand évêque. J'emprunte à M. Piesse le récit suivant que je trouve dans son intéressant travail que j'aurai si souvent l'occasion de citer, sur l'Algérie :

Pour se rendre à Hippone, on suit la route de Constantine ; après avoir passé devant la grande koubba de Sidi Ibrahim, on traverse le Bou-Djema sur un ancien pont romain ; on prend ensuite à gauche une route ombragée par des oliviers centenaires, et bordée de splendides haies de grenadiers, d'aloès et d'acanthes, derrière lesquelles sont éparpillées, au milieu d'une végétation non moins vigoureuse, des villas, des maisons de maraîchers et quelques ruines.

Hippone, l'ancien Ubba, colonie marchande de Carthage, reçut des Romains le nom d'Hippo Regius, de ce que le roi des Masséliens venait camper près de là pendant une partie de l'année. Quand la Numidie fut réunie à l'empire, Hippone était avec Carthage, le plus opulent marché de l'Afrique romaine. C'est alors que les habitants, enrichis par le commerce, élevèrent ces magnifiques monuments de l'art antique, et exécutèrent ces aqueducs gigantesques, ces réservoirs immenses, ces grandes voies de communication, qui étonnent la civilisation moderne. C'est alors aussi qu'elle avait St. Augustin pour évêque. Ses *Confessions* datent de 397 ; c'est de 413 à 426 qu'il écrivit sa *Cité de Dieu*.

L'année qui suivit la mort de St. Augustin (431), Hippone fut prise par les Vandales qui la réduisirent en cendres. La cathédrale de St. Augustin fut seule respectée, et, par une providence particulière, la bibliothèque et les manuscrits du pieux évêque, qu'il avait légués en mourant à son église, échappèrent aux flammes. D'après une légende rapportée par le colonel du génie Hennebert, Ste. Barbe, fille d'un centurion de la IVe légion cyrénaïque, Narzal Alypius, aurait inventé la poudre avec son père. A la prise d'Hippone par les Vandales (25 août 431), elle se fit sauter avec les religieuses, dans leur couvent, au moment où les barbares en avaient enfoncé les portes. Voilà pourquoi Sainte Barbe est depuis la patronne des artilleurs, des mineurs, etc. Reprise en 534 par Bélisaire, Hippone tomba en 697 au pouvoir des Arabes, qui achevèrent l'œuvre de destruction commencée par les Vandales.

L'enceinte de la ville antique embrassait à peu près 60 hectares. On remarque sur un espace de plus d'une demi-lieue de nombreux vestiges d'antiquités, des pans de murs rougeâtres, d'énormes fragments d'une maçonnerie épaisse et solide ; mais le monument le plus remarquable et en même temps le mieux conservé, c'est l'établissement hydraulique composé de plusieurs grands réservoirs et d'un aqueduc qui, prenant naissance dans les pentes du mont Edough, conduisait dans la cité royale les eaux de la montagne.

Un peu plus haut que cette vaste citerne, destinée à alimenter la ville de Bône, a été érigée au milieu de beaux oliviers, une statuette en bronze de St. Augustin, sur un socle en marbre blanc. De cet endroit, la vue que l'on a de Bône, de l'Edough et de la mer, est des plus magnifiques.

Plus haut encore, le mamelon décapité d'Hippone porte un vaste *hospice* pour les vieillards, construit par Mgr Lavigerie ; il est précédé d'une *basilique* monumentale qui attire les regards de fort loin. Un autre hospice de ce genre a été bâti au pied de l'Edough, grâce aux libéralités de M. Salvador Coll, riche propriétaire de Bône. Au bas d'Hippone on voit encore sur le bord de la Seybouse, et à 1,000 mètres de son embouchure, des fragments de maçonnerie, des éperons déchaussés, restes d'un ancien quai de débarquement. Là était le port d'Hippone ; là, en l'an 709 de Rome, la flotte de Mételius Scipion, partisan de Pompée, fut détruite par celle de Publius Sittius, lieutenant de César.

Voilà des renseignements qui ne sauraient manquer d'intéresser les lecteurs de *La Patrie*, c'est pourquoi je les ai cités en entier. Ma prochaine lettre traitera du voyage de Bône à Constantine, en passant par Duvivier, Guelma et Kroubs et nous filerons ensuite sur Alger en passant par Philippeville, Collo, Djidjelly, Bougie et Dellys.

VINGT-TROISIÈME LETTRE

Philippeville, 7 janvier 1889.

Avant de procéder plus loin en Algérie et afin de rendre mes récits de voyage plus intelligibles, je crois qu'il est nécessaire de jeter un coup d'œil rétrospectif sur l'histoire du pays. La prise d'Alger en 1830 par les troupes françaises a complètement révolutionné la situation politique, économique et agricole, tout en laissant exister une organisation particulière pour les populations indigènes. L'Algérie actuelle était connue des Romains, d'abord sous le nom général de Numidie, comprenant la Tunisie et la Tripolitaine et ensuite sous le titre particulier de Mauritanie, s'appliquant à peu près au territoire actuel possédé par la France. La ville d'Alger fut, dit-on, fondée 300 ans avant Jésus-Christ, et se nommait alors Icosium. A l'époque chrétienne, bien qu'étant un fort village plutôt qu'une ville, Icosium posséda des évêques et lorsque les Arabes envahirent l'Afrique, Alger devait être le rendez-vous des tribus de la Mitidja qui venaient trafiquer avec les marchands d'Hippone, de Césarée et de Carthage, vers le dixième siècle de l'ère chrétienne.

Vers 1150, Abd-el-Moumen, chef des Almoades, après avoir subjugué l'Espagne et l'Afrique septentrionale reçut la soumission des cheiks d'Alger. Vers 1185, Ali-Ibn-Rania, s'empara d'Alger, et le gouverneur qu'il y laissa fut bientôt livré au Sultan El-Mansour. En 1225, après une lutte acharnée, Ibn-Rania reprit Alger, fit tuer l'émir et clouer le cadavre du représentant du Sultan sur un gibet en croix à la porte de la ville. En 1234, Abd-el-Kéria s'étant emparé du Mar-Reb central, donna à son fils le gouvernement de Bougie et de toutes les villes qui en dépendaient alors. Parmi elles se trouvaient Alger, Constantine et Bône. En 1265, les Algériens cessèrent d'obéir au Sultan Hafif-el-Mostancer et vécurent indépendants pendant une période de sept années dans une prospérité et dans un calme relatifs. Mais cette situation ne pouvait durer ; Hafif-el-

Mostancer fit bloquer Alger par terre et par mer et l'emporta d'assaut après un long siège.

Ces cruels vainqueurs massacrèrent sans pitié les habitants ; les actes les plus barbares furent commis, les femmes et les enfants ne furent pas épargnés. Les chefs algériens, soumis aux plus barbares traitements, chargés de chaînes et maltraités d'une façon odieuse, restèrent enfermés dans les cachots de la citadelle de Tunis jusqu'à la mort du féroce Sultan, leur vainqueur. Son successeur, El Ouatuer, ordonna, le jour de son avènement au pouvoir, la mise en liberté des chefs algériens que la misère et le désespoir avaient conduits à la folie. Toutes ces luttes meurtrières et sauvages qui faisaient passer Alger de main en main avaient arrêté incontestablement le mouvement intellectuel et civilisateur parmi les Algériens qui, jusqu'au XIXe siècle, ne songèrent qu'à sauvegarder leurs familles et à protéger leurs propriétés.

Il est impossible de relater ici, dans le cadre restreint d'une correspondance, toutes les luttes intestines et extérieures dont Alger eut à souffrir, mais, ce qui est établi sans contestation historique, c'est que les Algériens, quel que fut leur maître, ont été de tous temps une race de pirates qui furent la terreur des navigateurs européens et qui attirèrent sur eux, à différentes époques, la légitime colère des Etats de l'Europe.

Duquesne bombarda Alger en 1682 et en 1683. En 1688, le maréchal d'Estrées lança contre la ville plus de 10,000 bombes. La flotte de l'amiral espagnol Angelo Barcelo, en 1782, la couvrit de projectiles—3,700 bombes, 3,800 boulets, 2,000 grenades. Une année après, en 1784, la même flotte recommença un bombardement identique. Enfin, en 1816, l'Angleterre voulant en finir avec les hardis corsaires algériens qui infestaient la Méditerranée et causaient la ruine de la navigation marchande, prit le prétexte de l'assassinat de plusieurs sujets anglais et envoya l'amiral Exmouth qui, au mois d'avril de la même année, conduisit une escadre en rade d'Alger.

Les huit navires prenant aussitôt leur rang de bataille, ouvrirent sur ce repaire des maîtres de la Méditerranée un feu terrible. Plus de 50,000 projectiles furent lancés. A la suite de cette dure leçon, l'amiral Exmouth obtint l'abolition de l'esclavage.

En 1826, le juif Bacri, créancier du Sultan,

fit d'importantes fournitures de blé à la France pour la somme de 8,000,000 francs. Il était lui-même débiteur de négociants français qui, pour sauvegarder leurs intérêts, mirent opposition au paiement de cette somme. Bacri se plaignit au dey Hussein-ben-Hassin qui entra, à ce sujet, en pourparlers avec le consul français, M. Deval. Ce dernier ayant soutenu la légitimité des revendications de ses nationaux, le dey, dans un mouvement d'impatience non justifié, porta au consul un coup d'éventail. La scène eut lieu dans un pavillon de la Kasbah, qui existe encore et que l'on nomme pavillon de l'éventail. C'est alors que le consul et les Français s'embarquèrent sur les vaisseaux de l'amiral Collet qui croisaient en rade d'Alger. En 1829, l'amiral de la Bretonnière bloqua Alger, et le 14 juin 1830, l'armée française, forte de 35,000 hommes, et commandée par le maréchal Beaumont, ministre de la guerre, débarqua à Sidi-Ferruch. Quatre jours plus tard, la sanglante bataille de Staouëli ajoutait une glorieuse page de plus aux faits d'armes des Français, et ouvrait le chemin d'Alger, qui tomba le 5 juillet suivant. Un traité de paix assura pour toujours à la France la possession de l'ancienne capitale barbaresque. Le dey, laissé libre possesseur de sa fortune personnelle, obtint l'autorisation de quitter Alger et de fixer lui-même le lieu de sa résidence. Le drapeau français flottait sur Alger, et la France, après de pénibles efforts, devait être doté d'une des plus belles colonies du monde, et la liberté de la navigation sur la Méditerranée était enfin rétablie.

Voilà, en abrégé, l'histoire de l'Algérie jusqu'à la conquête, et le fait d'armes le plus important qui suivit la chute d'Alger, fut la prise de Constantine, l'ancienne *Cirta* des Romains. La Constantine d'aujourd'hui est une ville de 45,000 habitants, chef-lieu de la province du même nom, résidence du général commandant la province et siège d'un évêché. C'est une véritable forteresse naturelle construite à 2000 pieds d'altitude sur une presqu'île coutournée par un énorme ravin au fond duquel gronde la rivière du Roumel. C'est un peu la situation de Québec, à l'exception du St. Laurent qui est remplacé ici par un torrent. La ville est divisée en deux quartiers ; le quartier européen et le quartier arabe, et j'emprunte à M. Piesse la description qu'il en fait dans le livre que j'ai déjà cité :

" Le quartier européen, dans lequel on retrouve le

mouvement des grandes villes de la métropole, forme, au nord-ouest, un peu plus du tiers de la ville, et comprend les vastes bâtiments de la Kasbah, l'église, l'ancien palais d'Ahmed-Bey, la préfecture, la mairie et les hôtels de la banque, du trésor et des postes. Les constructions qui ont remplacé les maisons arabes bordent des rues coupées à angle droit et allant aboutir aux places de Nemours et du Palais.

" Le quartier arabe compte 20,825 habitants ; c'est le centre où aboutit le commerce de l'intérieur, dont les Arabes de la ville sont les intermédiaires intelligents et traditionnels. C'est à Constantine que l'on retrouve la couleur locale qui tend à disparaître de plus en plus des autres villes de l'Algérie. Rien n'est plus curieux à visiter que cette fourmillière, qu'on appelle le quartier arabe, où les rues et les impasses étroites et tortueuses, à ciel ouvert ou voûtées, forment le labyrinthe le plus inextricable qu'on puisse imaginer, et dont l'ignoble saleté serait à craindre en cas d'épidémie. Un grand nombre de marchands et d'artisans occupent ces petites boutiques, que nous avons déjà eu l'occasion de décrire, et dans lesquelles est souvent entassée une grande quantité de marchandises. Mais ce qui étonne le plus, c'est le nombre prodigieux de cordonniers installés dans des rues entières, si l'on ne savait que tous les indigènes de la province viennent s'approvisionner de chaussures à Constantine. Ailleurs, le boucher, l'épicier, le fruitier, le tailleur, le brodeur, le potier, le forgeron, le marchand de tabac, le cafetier, le barbier, occupent concurremment les autres boutiques.

" L'animation que présentent les rues arabes ne forme pas un des spectacles les moins curieux de Constantine.

Asseyez-vous sur le banc qui garnit la dévanture de cette niche occupée par un cafetier, faites-vous servir une tasse de café, et, tout en dégustant ce nectar selon les uns, ce brouet selon les autres, vous verrez défiler devant vous l'Arabe drapé dans son burnous rapiécé, mais ayant un certain caractère, le Kabyle, avec son outre d'huile, le Biskri, avec sa koulla d'eau, la Mauresque, dont le voile est bleu au lieu d'être blanc comme à Alger, la négresse marchande de pain, le juif colporteur, la juive plus belle à Constantine que partout ailleurs ; voici encore le kadi, grave comme la loi qu'il est chargé d'interpréter ; le taleb, commentateur inintelligent des commentateurs du Koran ; puis enfin le spahis au burnous rouge et le turco vêtu de bleu, soldats indigènes, servant p'us ou moins de trait d'union entre les populations européennes et indigènes.

Tout ce monde à pied, à âne, à cheval ou à chameau, qui va, vient, se mêle et se coudoie, offre un tableau extrêmement original. C'est du Decamps, du Fromentin ou du Marilhat à l'état de nature.

Telle est encore Constantine sur son rocher.

Je m'aperçois que cette lettre est assez longue et je me vois forcé de clore pour aujourd'hui.

VINGT-QUATRIÈME LETTRE

—

Alger, 20 janvier 1889.

J'ai été gratifié, depuis ma dernière lettre, d'une fluxion de poitrine, compliquée d'asthme, qui m'a interdit tout travail, même le plus léger, et mon médecin me permet aujourd'hui, pour la première fois depuis quinze jours, de mettre la main à ma correspondance. C'est le cas de dire qu'il faut aller à 1,500 lieues de son pays, sous le prétexte de rétablir sa santé, pour y contracter des maladies qui peuvent vous emporter dans les huit jours. Heureusement pour moi que j'en suis revenu et que ma convalescence progresse favorablement. Le docteur Strauss, médecin-major du premier zouaves, me promet que dans huit jours il n'y paraîtra plus.

J'avais, je crois, fait une description de Constantine dans ma dernière lettre et je devais raconter les événements dramatiques des deux sièges qui ont rendu cette ville célèbre dans les annales de l'armée française. J'ai fait la connaissance, à Paris, en octobre dernier, du général Munier, ancien commandant en chef de l'armée française au Tonquin, et qui venait d'être nommé au commandement militaire de la province de Constantine, en remplacement du général Ritter, admis à la retraite. Le général m'avait invité à venir le voir à Constantine et je me suis naturellement empressé d'aller rendre mes hommages au vaillant officier qui, bien que jeune encore et général de division, en est arrivé à ne plus compter ses campagnes, ses blessures et ses décorations. Il habite à Constantine le palais de l'ancien sultan Ahmed-Bey. Ce palais qu'on a souvent comparé à une de ces demeures féériques décrites dans les *Mille-et-une-nuits*, renferme trois corps de logis principaux, servant à l'installation du général, de l'état major-général, de la direction du génie, du bureau arabe divisionnaire et du conseil de guerre. On remarque en entrant les fresques naïves qui décorent les parois des galeries, fresques représentant ici un combat naval et là, Constantinople. Ces peintures, œuvre d'un mahométan, sont exécutées d'après l'orthodoxie la plus pure de l'art musulman; on n'y voit figurer aucun personnage. En entrant dans le cabinet du général, on lit l'inscription suivante, en arabe :

"*Au nom de Dieu clément et miséricordieux. —Pour le maître de ce palais, paix et félicité, une vie qui se prolonge tant que roucoulera la colombe, une gloire exempte d'avanies, et des joies sans fin jusqu'au jour de la résurrection.*"

C'est en causant et en dégustant une tasse de café maure, après dîner, que le général m'a raconté les détails des deux sièges de Constantine.

Après la prise d'Alger et de Bône, le maréchal Clauzel avait remplacé le général d'Erlon, et il avait demandé et obtenu l'autorisation d'assiéger Constantine. Partie de Bône le 8 novembre 1836, l'armée arriva sous les murs de Constantine le 21. La première et la deuxième brigade, sous le commandement du général de Rigny, se postèrent sur le Koudiat-Aty, à l'ouest ; le reste de l'armée s'établit à Mansoura, à l'est. Le 23, aux approches de la nuit, les troupes furent prêtes à donner l'assaut, mais l'ennemi faisait bonne garde. Pendant l'attaque du pont d'El-Kantara, par le général Trézel, et de la porte d'Ed-Djabia par le général Duvivier, les colonnes françaises étaient hachées par la mitraille ; c'eût été folie de s'engager plus avant et l'armée dût battre en retraite. C'est alors que le chef de bataillon du 2e léger, Changarnier, commença sa fortune militaire dans un combat d'arrière-garde qui sauva l'armée.

La France ne pouvait rester sous le coup d'un pareil échec, et le général Damrémont reçut l'ordre de s'emparer de Constantine. Le corps expéditionnaire de 10,000 hommes était divisé en quatre brigades commandées par le duc de Nemours, le général Trézel, le général Rulhières et le colonel Combes. L'artillerie avait à sa tête le général Valée ; le génie, le général Rohault de Fleury.

" L'armée arriva devant Constantine le 6 octobre 1837 Constantine, dit M. Pélissier de Raymond, l'un des combattants, se présentait, comme l'année précédente, hostile et décidée à une résistance énergique ; d'immenses pavillons rouges s'agitaient orgueilleusement dans les airs ; les femmes, placées sur le haut des maisons, poussaient des cris aigus auxquels répondaient par de mâles acclamations les défenseurs de la place. Bientôt le son grave du canon vint se mêler au bruit des voix de ces créatures humaines, et de nombreux projectiles tombèrent au milieu des groupes qui se présentaient sur la crête du ravin par lequel Constantine est séparée de Mansoura "

Le général Damrémont ayant disposé l'attaque, envoya faire aux assiégés les sommations d'usage. L'envoyé, soldat du bataillon turc, revint avec cette réponse, "qu'on ne serait maître de Constantine qu'après avoir égorgé jusqu'au dernier de ses défenseurs." Le général Damrémont s'étant rendu à Koudiat-Aty pour examiner la brèche, 12 octobre, fut tué par un boulet de canon : le général Perrégaux était frappé mortellement à ses côtés.

Le lieutenant-général Valée prit alors le commandement des troupes ; il pressa la canonnade et le lendemain 13, il ordonnait l'assaut. Les troupes étaient divisées en trois colonnes sous les ordres, la première, du lieutenant-colonel Lamoricière, les deux autres sous ceux des colonels Combes et Corbin. A sept heures, le duc de Nemours donne le signal. La première colonne s'élance, descend dans la ville, se heurte contre des obstacles qu'il faut briser ; Lamoricière tombe blessé, aveuglé devant une porte intérieure qu'il faisait sauter, mais la trouée est faite et les deux autres colonnes passent au milieu des morts et des blessés français et arabes, et la ville était prise. C'est alors que le colonel Combes, du 47ème de ligne, vint rendre compte du succès de l'opération. Le héros atteint de deux balles manifestait le regret de ne pouvoir survivre à la victoire : il expirait le lendemain. Les assiégés réfugiés dans la Kasba cherchaient à fuir au moyen de cordages qui se brisèrent sous le poids des corps humains : tous roulèrent dans l'abîme et périrent dans une affreuse agonie.

Ahmed Bey, après la prise de sa capitale, passa onze ans dans les montagnes à lutter contre les Français, mais il fit sa soumission en 1848 et il fut transporté à Alger où le gouverneur-général lui fit une réception qui le réconcilia à la France. Il mourut en 1850.

Voilà le récit des deux sièges de Constantine et je les ai racontés pour prouver une fois de plus que si les troupes françaises ont été livrées à la Prusse en 1870 et écrasées par le nombre, la prochaine guerre — et elle ne saurait longtemps se faire attendre—pourrait bien fournir des victoires aussi glorieuses que celle de la prise de Constantine.

"Peu de cités dans le monde, dit Cherbonneau, l'historien de Constantine, ont subi autant de révolutions que Constantine, soit en raison de son importance politique, soit à cause des richesses de son sol. S'il faut en croire la tradition. elle a été assiégée et conquise quatre-vingts fois.

" En dehors du commerce actuel, fait par les européens et les indigènes, deux grandes industries se partagent, en quelque sorte, la population indigène de Constantine : premièrement, *la fabrication des ouvrages en peau ;* secondement, *la fabrication des tissus en laine.* La fabrication des ouvrages en peau occupe : 200 tanneurs, 100 selliers et 500 cordonniers et représente pour toute l'année un produit d'un million et demi de francs.

" La fabrication des tissus en laine, dont les Européens commencent à s'occuper, est plus importante encore que la fabrication des ouvrages en peau, parce qu'elle tient aux habitudes nationales des Arabes, et qu'elle emploie un grand nombre d'ouvriers. La fabrication des tissus de laine comprend cinq sortes de produits : les haïks, blouses à manches courtes, les burnous, manteaux à capuchon, les gandouras, longues pièces d'étoffe très fine en soie et en laine, les tellis ou sacs doubles pour les transports à dos de mulets ou de chameaux et les tapis.

"On peut évaluer à 25,000 le nombre des burnous confectionnés à Constantine et dont la fabrication est la plus importante ; leur prix varie de 15 à 30 francs, suivant la finesse de la laine et la qualité du tissu.

"Autour de ces grandes industries s'en groupent d'autres moins importantes.

"Il n'existe pas de ville en Afrique plus laborieuse et plus active que celle de Constantine.

Un chemin de fer relie Constantine à Philippeville, située sur le littoral et où nous avons pris le paquebot pour Alger en touchant sur différents points de la côte, à Collo, Djidjelly, Bougie et Dellys.

VINGT-CINQUIÈME LETTRE

—

Alger, 22 janvier 1889.

Par un temps favorable et par une brise de terre qui n'agite pas trop la Méditerranée, je ne connais pas de plus beau voyage que celui de Philippeville à Alger, par un paquebot de la compagnie transatlantique. On suit les échancrures de la côte algérienne en touchant, comme je l'ai déjà dit à Collo, à Djidjelly, à Bougie et à Dellys.

Philippeville est une ville de 28,000 habitants, située à l'embouchure du Safsaf sur deux mamelons. C'est Rusicade des Romains. La notice des villes d'Afrique la mentionne au nombre des villes épiscopales.

"Après la prise de Constantine, dit M. Piesse, le maréchal Valée voulut faire aboutir le commerce de l'intérieur à un point du littoral, plus rapproché que celui de Bône. Les

Arabes indiquèrent le port de Stora et Skikda, où Constantine entretenait depuis longtemps le peu de relations qu'elle avait avec l'extérieur. Au printemps de 1838, le général Négrier fut chargé d'une reconnaissance sur Stora ; il atteignit Rusicade sans combat sérieux ; la plus courte voie entre Constantine et la mer fut ainsi retrouvée, et le maréchal Valée, étant venu s'établir avec une colonne de 4,000 hommes, sur les ruines de la ville romaine, en achetait le terrain pour 150 francs aux Kabyles qui l'occupaient, et y jetait, le 7 octobre 1838, les fondations du Fort de France, près duquel devait bientôt s'élever et grandir Philippeville, aujourd'hui tête du chemin de fer de la province de Constantine."

Collo est une petite ville de 3,000 habitants, datant aussi des Carthaginois et occupée par les Romains. On y exploite des mines de plomb argentifère et de mercure. Le port est très bon, mais son peu d'étendue ne lui permet pas de recevoir un grand nombre de bâtiments.

Djidjelly est une petite ville de 6000 habitants, qui occupe une presqu'île rocailleuse réunie à la terre ferme par un isthme, fort bas, que domine de près les hauteurs fortifiées. C'est l'ancienne *Igilgili* des Romains.

Djidjelly, éprouvée par les tremblements de terre de 1836, s'est relevée de ses ruines, et présente aujourd'hui, deux villes d'aspects bien tranchés : l'ancienne ville arabe, sur la presqu'île, devenue exclusivement quartier militaire ; la ville française si remarquable par ses larges rues qui, bordées de magnifiques platanes dominés par le clocher et le minaret, s'étendent entre sa devancière et le pied des collines. Les édifices civiles et militaires n'offrent absolument rien de remarquable. Le port dans lequel on peut mouiller pendant la belle saison, est abrité au sud et à l'est par les terres, et est en partie défendu des vents du nord par une ligne de rochers qui s'étend est-ouest à plus de 800 mètres, et se termine par plusieurs rochers plus élevés, sur l'un desquels a été placé le phare.

Bougie est une ville de 12,000 habitants, bâtie immédiatement au bord de la mer sur le flanc du Mont Gouraïa. C'est l'ancienne Bedjaïa des Carthaginois et les Romains lui avaient donné le nom de Saldæ.

Saldæ était, au V e siècle, une des villes épiscopales, si nombreuses, de la Mauritanie

Sitifienne. Un de ses évêques, Paschase, assistait, en 484, au concile de Carthage, convoqué par Hunérik. Bougie, tomba au pouvoir des Vandales, resta, dit-on, leur capitale jusqu'à la prise de Carthage, et ils l'appelèrent Gouraïa, mot qui signifie montagne dans leur langue.

C'est aujourd'hui une ville fort importante qui tend à prendre de plus en plus un grand développement dans la Kabylie. On y voit encore les débris de grandes citernes romaines, d'un amphithéâtre et de nombreuses inscriptions antiques.

Enfin, avant d'arriver à Alger, Dellys qui est une ville de 14,000 habitants, dans la province d'Alger, l'ancienne Rusucurrus des Romains. Tout ce voyage de Philippeville à Alger se fait en quarante-huit heures et l'on s'arrête de sept à huit heures dans chaque port, ce qui donne amplement le temps de visiter les monuments et les curiosités archéologiques, s'il y en a, et de faire au moins le tour de chaque ville.

Nous doublons enfin le cap Matifou et comme le temps est clair, nous jouissons du ravissant coup d'œil qu'offre Alger vue de la mer et éclairée par un soleil tropical.

Toutes ces maisons blanches, échelonnées

sur le versant d'une montagne, donnent à la Kasbah, vue de la rade, l'aspect d'une carrière de gros blocs de pierre qui, se détachant sur l'azur du ciel, produit un effet admirable.

De même, le panorama de la chaîne de collines couverte de verdure qui entoure la baie et sur le versant de laquelle on aperçoit de nombreuses villas d'architecture mauresque disséminées çà et là, offre au voyageur le coup d'œil le plus gai et le plus pittoresque.

A peine le paquebot a-t-il mouillé dans le port, dont la construction a coûté plusieurs millions, que les yeux s'arrêtent tout naturellement sur la colossale et admirable construction des *boulevards de la Marine* et de la *République*, magnifique promenade qui commence à l'Amirauté pour se terminer au fort Bab-Azoun, longeant ainsi tout le port qu'elle domine de deux étages. De cette promenade, une des plus belles du monde, on domine toute la rade d'Alger.

J'ai déjà raconté dans une correspondance précédente les détails de la prise d'Alger en 1830, et je ne reviendrai par sur ce sujet. Je n'ai pas non plus l'intention de faire une description de la ville qui ressemble, au point de vue du caractère arabe, à ce que j'ai déjà vu à Tunis et à Constantine.

Le livre de M. Piesse nous apprend que la population d'Alger, recensement de 1886, est de 74,792 habitants. Les Français figurent pour 23,891, les Musulmans pour 16,759, les Israélites pour 8,486, les nationalités diverses pour 21,382 habitants. C'est la capitale de l'Algérie, la résidence du gouverneur-général, de l'archevêque, et de tous les chefs supérieurs des services civils et militaires. Elle est située, par 36° 47 de latitude Nord, de 0° 44 de longitude Est, sur la côte nord de l'Afrique. Les maisons, enveloppées par des fortifications qui n'ont aucune utilité, s'étagent les unes au-dessus des autres ; elles sont presque toutes terminées en terrasses et blanchies à la chaux.

Alger se compose de deux parties bien distinctes : la ville haute, conservant encore son cachet arabe, qui disparaît cependant de jour en jour, et la ville basse, bâtie à la française, poudreuse, animée. Tout a été dit sur Alger, sa position et son climat privilégié. Abou-Mohammed el-Abdery, le Maure de Valence, le savant voyageur, écrivait un des premiers, au XIIIe siècle, à propos d'Alger :

"C'est une ville qu'on ne peut se lasser d'admirer et dont l'aspect enchante l'imagination. Assise au bord de la mer, sur le penchant d'une montagne, elle jouit de tous les avantages qui résultent de cette position exceptionnelle ; elle a pour elle les ressources du golfe et de la plaine. Rien n'approche de l'agrément de sa perspective."

Au point de vue des monuments qu'Alger possède, j'ai déjà dit un mot des arcades qui bordent le port pour en faire une superbe ligne de boulevards. Si nos édiles de Montréal pouvaient voir et admirer cela avec moi, il leur viendrait peut-être l'idée d'essayer d'en faire autant dans notre beau port qui est vingt fois plus important et plus fréquenté que la capitale de l'Algérie. Nous nous vantons parfois, au Canada, de notre esprit d'initiative et de notre énergie, mais on pourrait prendre —et donner probablement—de bonnes et sérieuses leçons, sur les côtes nord de l'Afrique, et sous la protection de ce superbe drapeau tricolore qu'il est de mode de dénigrer et d'injurier, dans tant de parties du monde, aujourd'hui.

Alger possède plusieurs mosquées fort intéressantes, de nombreuses églises catholiques, de beaux édifices civils et militaires, une bibliothèque et un musée, plusieurs théâtres, de beaux jardins publics, un immense champ de manœuvres et des environs ravissants. L'état de ma santé ne m'a pas malheureusement permis de tout visiter en détail, mais j'ai pu parcourir en voiture et admirer en passant les sites les plus pittoresques qu'il soit possible d'imaginer dans les environs d'une ville ; et cela grâce à la bienveillante courtoisie du préfet d'Alger, M. Henri Paul et du procureur général de la République en Algérie, M. Jules Maillet, pour qui on avait bien voulu me donner des lettres, à Paris. M. le gouverneur-général de l'Algérie, M. Louis Tirman, auprès de qui on m'avait aussi recommandé, s'est aussi montré pour nous d'une bienveillance extrême, et en dehors des invitations officielles, chacun s'est efforcé de rendre notre séjour en Algérie aussi agréable que possible, dans le très mauvais état de santé où je me suis presque continuellement trouvé.

Cela va mieux maintenant, mais le temps reste pluvieux et ce n'est pas précisément ce qu'il me faudrait pour hâter ma convalescence. Le climat d'Alger, tout en étant, paraît-il, superbe, à certaines saisons de l'année, reste toujours très humide et ne convient pas à ceux qui, comme moi, souffrent presque continuellement des organes respiratoires. Le docteur m'engageait à rentrer en France sans délai pour aller passer quelques temps à Pau ou à Tarbes, mais cela me ferait perdre mon voyage d'Espagne. Nous avons fait un compromis. Il me permet de passer par l'Espagne à condition de n'y séjourner que pendant dix jours, dont deux seulement à Madrid. Il paraît que le climat de Madrid, en hiver, est tout ce qu'il y a de plus dangereux pour ceux qui souffrent de la poitrine et je n'aimerais pas à renouveler l'expérience que je viens de faire d'une bronchite aigue compliquée d'asthme.

Une fois ne saurait devenir coutume.

VINGT-SIXIÈME LETTRE

Alger, 25 janvier 1889.

J'ai voulu, ma santé me le permettant, et sur l'invitation pressante de quelques amis, être témoin d'une séance des *Aïssaoua*, confrérie de fanatiques qui viennent du Maroc et qui moyennant finances, nous rendent témoins du plus étonnant spectacle qu'il soit possible d'imaginer.

Nous étions une vingtaine de témoins, parmi lesquels des Anglais, des Américains, des Français, etc. Je ne me sens vraiment pas de force à raconter les choses absolument extraordinaires dont j'ai été témoin et je vais emprunter à Théophile Gauthier, au grand poëte de l'Orient, la description de la scène qui se passait à Blidah, en sa présence, en 1845.

Ce sont des pages *vraies*, pittoresquement

et poëtiquement écrites, et tous ceux qui ont été témoins de ces scènes fantastiques, les voient encore revivre devant leurs yeux en lisant cette description du grand écrivain :

" L'orchestre du caïd, débuta par une sérénade en notre honneur ; l'instrument dont les musiciens se servaient était une espèce de hautbois ou de flûte, avec une anche plate et cerclée d'une rondelle de bois où s'appuyait les lèvres des musiciens ; immobiles, les yeux baissés, ne faisant d'autres mouvements que ceux indispensables pour le placement des doigts sur les trous, ils nous jouèrent, sur une tonalité très élevée, une cantilène qui rappelait beaucoup la danse des almées de Félicien David. Les broderies des deux flûtes semblaient s'enlacer autour du motif principal comme les serpents autour du caducée de Mercure ; qu'on nous passe cette comparaison mythologique, ou si elle paraît trop surannée, comme deux des spirales laiteuses qui montent en sens inverse dans le pied des verres de Venise.

" Les compositeurs de profession trouvent la musique des Orientaux barbare, discordante, insupportable, ils n'y reconnaissent aucun dessin, aucun rythme, et n'en font pas le moindre cas. Pourtant elle m'a souvent produit des effets d'incantation extraordinaire avec ses quarts de ton, ses tenues prolongées, ses soupirs, ses notes ranimées opiniâtrement ; ces mélodies frêles et chevrotantes sont comme les susurrements de la solitude, comme les voix du désert qui parlent à l'âme perdue dans la contemplation de l'espace ; elles éveillent des nostalgies bizarres, des souvenirs infinis, et racontent des existences antérieures qui vous reviennent confusément ; on croirait entendre la chanson de nourrice qui berçait le monde enfant.—Si j'ai compris les effets prodigieux que les historiens rapportent de la musique grecque, dont le secret est perdu pour les civilisations modernes, malgré les efforts de quelques musiciens érudits, c'est en écoutant ces airs arabes dédaignés par messieurs de la fugue et du contre-point, et qui ont valu à l'ode symphonie du *Désert* la plus rapide et la plus enthousiaste vogue musicale de notre temps.

" La cour dans laquelle la cérémonie allait commencer, était assez vaste, entourée par des bâtiments à toits plats et crépis la chaux ; elle s'éclairait bizarrement par des bougies et des lampes placées à terre auprès des groupes. Le ciel, d'un indigo sombre, s'étendait au-dessus comme un plafond noir tout dentelé par des files de spectres blanchâtres posées, ainsi que des oiseaux de nuit, sur le rebord du toit. On eût dit un essaim de larves, de lémures, de stryges, d'aspioles et de goules attendant la célébration de quelque mystère de Thessalie ou l'ouverture de la ronde du sabbat. Rien n'était plus effrayant et plus fantastique que ces ombres muettes et pâles suspendues au-dessus de nos têtes dans l'immobilité morte de créatures de l'autre monde. C'étaient les femmes de la tribu qui s'étaient rangées sur les terraces pour jouir à leur aise de l'horrible spectacle qui allait avoir lieu.

" Les Aïssaoua s'étaient accroupis, au nombre d'une trentaine environ, autour du *mokaddem* ou officiant, qui commença, d'une voix lente et monotone, à réciter une prière, que les khouans accompagnaient de grognements sourds. De temps à autres, un faible coup de tarbouka rhytmait et coupait ce murmure, qui allait s'enflant peu à peu et se grossissant comme une vague avec un bruit d'Océan ou de tonnerre lointain.

" Tout à coup un cri aigu, prolongé, chevroté, un piaulement de chouette ou d'orfraie éblouie, un sanglot d'enfant égorgé, un rire de goule dans un cimetière, partit à travers la nuit comme une fusée stridente. Cette note, d'une tonalité surnaturelle, cette note aigue, frêle et tremblée, fausse comme un soupir de hyène, méchante comme un ricanement de crocodile, éveilla dans le lointain les jappements enroués des chacals, et me fit froid à la moëlle des os. Il me sembla qu'un vol d'afrites ou de djinns passait au-dessus de moi.

" Ce miaulement infernal était poussé par les femmes, qui soutiennent ce cri en frappant leur bouche avec le plat de la main, pour faire vibrer le son. On ne saurait imaginer rien de plus discordant, de plus affreux, de plus sinistre. Les grincements des roues de chars à bœufs qui, pendant la nuit, dans les montagnes de l'Aragon, font fuir les loups d'épouvante, ne sont, à côté de cela, que de l'harmonie rossinienne.

"Cet épouvantable applaudissement parut exciter les Aïssaoua, ils chantèrent d'une voix plus forte et plus accentuée. Les joueurs de tarboukas frappèrent leur peau d'onagre avec une vigueur et une activité toujours croissantes. Les têtes des assistants marquaient la mesure par un petit hochement nerveux, et les femmes scandaient l'interminable litanie des miracles de Sidi-M'hammet-ben-Aïssa de glapissements de plus en plus rapprochés.

" La ferveur de la prière augmentait ; les figures des khouans commençaient à se décomposer ; ils remuaient la tête comme des *poussahs*, ou la faisaient rouler d'une épaule à l'autre, la mousse leur venait aux lèvres ; leurs yeux s'injectaient, leurs prunelles renversées fuyaient sous la paupière, et ne laissaient voir que la cornée ;

tout en continuant leur balancement d'ours en cage, ils criaient : "Allah ! Allah ! Allah !" avec une énergie si furibonde, un emportement de dévotion si féroce, d'une voix si sauvagement rauque, si caverneusement profonde, que l'on aurait plutôt dit des rugissements de lions affamés que des articulations de voix humaines. Je ne conçois pas comment leurs poitrines n'étaient pas brisées par ces grondements formidables à rendre jaloux les fauves habitants de l'Atlas.

" Le rhythme des tambours devenait de plus en plus impérieux ; les Aïssaoua s'agitaient avec une frénésie enragée ; le balancement de tête, qui n'avait été exécuté que par quelques-uns, était maintenant général ; seulement, les oscillations prenaient une telle violence, que l'occiput allait frapper les épaules, et que le front battait la poitrine en brèche. Cela bientôt ne suffit plus. Le balancement avait lieu de la ceinture en haut, et le corps décrivait un demi-cercle effrayant ; c'étaient des convulsions, de l'épilepsie, de la danse Saint-Guy, comme au moyen-âge.

" De temps en temps, quelque frère épuisé de fatigue roulait à terre, haletant, couvert de sueur et d'écume, presque sans connaissance ; mais poursuivi par le tonnerre implacable des tarboukas, il tressaillait, et se soulevait par secousses galvaniques comme une grenouille morte au choc de la pile de Volta. A cette vue, les spectres enthousiasmés secouaient leurs linceuils sur les bords des terrasses et faisaient grincer, avec un bruit plus sec et plus rauque, la crécelle de leur voix. On remettait le chaviré sur son séant, et il recommençait de plus belle.

" Un Aïssaoua, considérable dans la secte, et qu'on

semblait regarder avec une sorte de terreur respectueuse, se tordait dans des crispations de démoniaque ; ses narines tremblaient, ses lèvres étaient bleues, les yeux lui sortaient de la tête, les muscles se tendaient sur son cou maigre comme des cordes de violons sur le chevalet ; des trépidations nerveuses agitaient son corps du haut en bas ; ses bras se démenaient comme les ressorts d'une machine détraquée, avec des mouvements qui ne partaient plus d'un centre commun, et auxquels la volonté n'avait pas part ; on le mettait debout, en le tenant sous les aisselles ; mais il se projetait si violemment en avant et en arrière, comme ces personnages ridicules qui font des saluts grotesques dans les pantomimes, qu'il entraînait avec lui ses deux assesseurs, et retombait bientôt à terre en se tortillant comme un serpent coupé, et en rauquant le nom d'Allah ! avec un râle si guttural et si strident, quoique bas, qu'il dominait les cris des khouans, les piaulements des femmes, et le trépignement des convulsionnaires.—Si jamais le diable est forcé de confesser Dieu, il le fera de cette manière.

" Mon œil se troublait, et ma raison s'embarrassait à regarder cette scène vertigineuse. La singulière sympathie imitative qui vous fait détendre les mâchoires en face d'un bâillement me causait sur mon tapis des soubresauts involontaires, je secouais machinalement la tête, et je me sentais, moi aussi, des envies folles de pousser des hurlements. Un cavalier de Maghzen, assis non loin de moi, n'y put résister plus longtemps, et roula sur la poussière avec des rires et des sanglots nerveux, se soulevant au rhythme pressé, saccadé, haletant des tarboukas, ronflant sous une furie de percussion toujours augmentée.

" Le désordre était au comble, l'exaltation touchait à son paroxysme. Par la persistance du chant, du tambour et de l'oscillation, les Aïssaoua avaient atteint le degré d'organisme nécessaire à la célébration de leurs rites ; le délire, la catalepsie, l'extase magnétique, la congestion célébrale, tous les désordres nerveux traduits en sanglots, en contorsions, en roideurs tétaniques, convulsaient ces membres disloqués et ces physionomies qui n'avaient plus rien d'humain. La lumière des lampes s'entourait d'auréoles sanglantes dans la rousse brume de poussière soulevée par ces forcenés, et ses reflets rougeâtres donnaient un air plus fantastique à cette scène bizarre, dont le souvenir nous est resté comme celui d'un cauchemar.

" Tout cela grouillait, fourmillait, trépidait, sautelait, dansait, hurlait dans un pêle-mêle hideux. Les mouvements de l'homme avaient fait place à des allures bestiales. Les têtes retombaient vers le sol comme des mufles d'animaux et une fauve odeur de ménagerie se dégageait de ces corps en sueur.

" Nous frissonnions d'horreur dans notre coin, mais ce que nous venions de voir n'était que le prologue du drame.

" Se traînant sur les genoux ou les coudes, ou se soulevant à demi, les Aïssaoua tendaient leurs mains terreuses au mokaddem, tournaient vers lui leurs faces hâves, livides, plombées, luisantes de sueur, éclairées par des yeux étincelants d'une ardeur fiévreuse, et lui demandaient à manger avec des pleurnichements et des câlineries de petits enfants.

" Si vous avez faim, mangez du poison," leur répondit le mokaddem, comme le fit Sidi-Mohammet ben-Aïssa à ses disciples, qui s'en trouvèrent si bien, d'après la légende dont cette cérémonie est destinée à perpétuer la mémoire.

 « Ce qui se passa après que le mokaddem eut fait signe d'apporter les nourritures est si étrange, que je supplie mes lecteurs de croire littéralement tout ce que je vais leur dire. Mon récit ne contient aucune exagération, d'abord parce que l'exagération n'est pas possible dans la peinture de ce monstrueux délire, qui laisse loin derrière lui les visions de Smarra, et les caprices de Goya, le graveur des épouvantes nocturnes. Des crapauds, des scorpions, des serpents de différentes espèces, furent tirés de petits sacs, et dévorés vivants par les Aïssaoua, avec des marques d'indicible plaisir ; ceux-ci léchaient des pelles ou des bêches rougies au feu ; ceux-là mâchaient des charbons ardents ; d'autres puisaient des terrines de couscoussou mélangé de verre pilé et de tessons, ou mordaient des feuilles de cactus dont les épines leur traversaient les joues. J'ai gardé longtemps plusieurs de ces feuilles épaisses et dures comme des semelles de bottes qui portaient, découpées à l'emporte-pièce, l'empreintes des dents de ces étranges gastronomes.

 « Chacun en dévorant sa dégoutante pâture, imitait le cri d'un animal, qui, le rugissement du lion, qui, le sifflement de la vipère, qui, le renâclement du chameau, ou poussait des cris inarticulés, spasmes de l'extase, échappements de l'hallucination, appels aux visions inconnues perceptibles pour le croyant seul.

 « Les plus fervents se couchaient sur des lits de braises comme sur des lits de roses ; et dans cette position de Guatimozin, leur visage s'illuminait d'une indicible expression de volupté céleste qui rappelait l'expression des martyrs chrétiens dans les tableaux des grands maîtres.

"Un de ces fanatiques, âgé à peine d'une vingtaine d'années, s'avança jusqu'à l'endroit où nous étions assis, et de l'air le plus tranquille du monde tout en dodelinant sa tête alourdie par un hébêtement de béatitude, il se posa sous les aisselles quatre mèches soufrées tout en feu et les promena lentement le long de chacun de ses bras ; une forte odeur de chair grillée nous montait aux narines, et lui, souriant avec un sourire d'amoureuse langueur, marmottait à demi voix le nom d'Allah !

" Un autre, à moitié nu, sec, maigre et fauve, se frappait la poitrine d'une façon si rude, qu'à chaque coup il jaillissait un flot de sang ; près de lui, un de ses compagnons sautait pieds nus sur des tranchants de yatagans.

" Les tarboukas tonnaient sans interruption, les cris des femmes se succédaient d'instants en instants, plus perçants, plus grêles, plus chevrotés que jamais, dépassant en acuité la chanterelle des plus aigres violons ; il n'y avait pas un seul frère debout, tous se roulaient épileptiquement dans un hideux mélange de débris impurs comme des nœuds de serpents qui se tordent sur un fumier. Je laissais flotter mes yeux fatigués et troublés, sur ce monstrueux ramas de têtes, de torses et de membres désordonnés, fourmillant dans la poussière et la fumée, lorsqu'il se fit à l'une des portes un mouvement qui annonçait un nouvel épisode à ce sauvage poëme.

" Deux Arabes entrèrent dans la cour, traînant par les cornes un mouton qui résistait beaucoup, et arc-boutait désespérément ses pattes contre terre pour ne pas avancer. On eût dit qu'il pressentait son sort ; son grand œil bleu pâle, fou de terreur, se dilatait prodigieusement et jetait à l'entour des regards vitrés qui n'y voyaient pas ; ses narines camuses distillaient une mousse sanguinolente, et tout son cops tremblait comme la feuille ; quoique personne ne l'eût touché, il était déjà mort pour ainsi dire.

" A la vue du mouton, une clameur assourdissante, un hourra frénétique sortit de toutes ces poitrines, où il ne semblait devoir plus rester que le souffle ; un pareil hurlement doit jaillir d'une fosse aux ours où il tombe un homme.

" Les Aïssaoua se jetèrent sur la pauvre bête, la renversèrent, et, pendant que les uns lui maintenaient les pattes malgré ses tressaillements et ses faibles nuances d'agonie, les autres lui déchiraient le ventre à belles dents, mâchaient ses entrailles parmi les touffes de laine. Ceux-ci tiraient à eux, comme font les oiseaux carnassiers sur les charognes, un long filement de boyau, qu'ils avalaient à mesure ; ceux-là plongeaient leur tête dans la carcasse effondrée, mordant le cœur, le foie ou les poumons. Le mouton ne fut bientôt qu'une boue sanglante, un lambeau informe que ces bêtes féroces se disputaient entre elles avec un acharnement que des hyènes et des loups n'y auraient certes pas mis.

" Un détail purement oriental augmentait l'horreur de cette scène ; les Arabes comme tous les peuples musulmans, se rasent la tête ; les Aïssaoua de Gerouaou, après deux heures de contorsions et d'épilepsie, étaient presque tous décoiffés et leurs crânes dénudés se nuançaient comme un menton dont la barbe est faite, de tons bleuâtres et verdâtres assez semblables à ceux de la moisissure ou de la putréfaction ; ces faces cuivrées, surmontées de tons faisandés, avaient un aspect bestial et sinistre, et à voir ces crânes bleus, emmanchés de nuques rouges, se plongeant dans les entrailles pantelantes du mouton, on eût dit de monstrueux oiseaux de proie, moitié hommes, moitié vautours, dépeçant quelque carcasse abandonnée sur une voirie.—Les lambeaux de draperie qui palpitaient sur ce groupe impur simulaient assez bien de vieilles ailes flasques.

" A la fin, ivres de ces repas de Lestrigons, fatigués des délires de cette nuit orgiaque, les Aïssaoua tombèrent lourdement çà et là, et s'endormirent d'un sommeil inerte."

Et voilà, à quelques détails près, ce que j'ai vu la veille de mon départ d'Alger, car nous partons demain pour Oran, pour nous embarquer pour l'Espagne, et pour continuer notre voyage interrompu.

Si ma correspondance, presque toute entière, a été empruntée à Théophile Gauthier, c'est parce que je ne me sentais pas de force, pour essayer de peindre, après lui, une scène aussi étrange que la danse des Aïssaouas.

VINGT-SEPTIÈME LETTRE

—

Oran, 26 janvier 1889.

J'ai dîné, la veille de mon départ d'Alger avec un souverain — un vrai paraît-il — qui cumule le double intérêt d'être de sang royal et de vivre exilé de son pays. C'est l'ex-roi d'Annam, Nam-Nghi, que le gouvernement français a placé parmi les nombreux roitelets qui courent le monde, et que Daudet a classés, étiquétés, et rendus célèbres, sous le titre général de : *Rois en Exil*. C'est à la table du gouverneur-général de l'Algérie, M. Tirman, que j'ai eu l'honneur de présenter mes hommages à la majesté déchue que j'aurais pris, au Canada, si je l'avais rencontrée dans les rues de Montréal, pour un blanchisseur chinois de la rue St. Laurent. Nam-Nghi était vêtu d'une longue blouse bleue et d'un large pantalon de même couleur, et il était accompagné d'un interprète qui, pendant le dîner, se tenait debout derrière lui pour faciliter la conversation générale. Sa physionomie est douce, expressive et est éclairée par un regard brillant qui coule à travers ses paupières bridées. Son attitude est passive et il répond à peine aux questions des convives. Le prince s'est d'ailleurs comporté très galamment pendant le dîner, goûtant à quelques plats européens sans marquer aucune répugnance. Il attendait pourtant que ses voisins eussent commencé à manger, avant de se servir ; il se servait alors de la fourchette fort adroitement, paraissant surtout attentif à ne rien faire qui fût contraire aux usages qu'il voyait mettre en pratique. Les bols, servis après le repas, l'ont quelque peu surpris, mais il a attendu prudemment pour voir l'usage auquel ils étaient destinés et, après s'en être rendu compte, il a fait comme tout le monde, se tirant d'affaire très proprement.

Le roi, dans sa vie ordinaire est, m'a-t-on dit, cependant resté fidèle à sa cuisine nationale. Ce genre d'alimentation est tout un poème : le repas lui est emporté en une seule fois, sur un grand plateau de laque ; dans une soucoupe, grande comme la main, se trouve une pyramide de riz; trois ou quatre autres soucoupes, de petite dimension, contiennent l'une du poulet bouilli, servi tout découpé en menus morceaux, l'autre du porc frais ou du mouton également bouillis et découpés; une autre du poisson frit. Le poulet est préparé à l'eau bouillante, où il a été précipité — voilez-vous la face, membres de la société protectrice des animaux ! — aussitôt que l'animal vivant a reçu une petite entaille au cou; le riz est servi crevé, sans assaisonnement; le mouton et le porc, jetés d'abord dans de l'eau bouillante parfumée à la canelle, sont lavés avant d'être servis, et ensuite arrosés d'une certaine " eau de champignons " dont le roi a apporté une ample provision; la préparation se complique quelquefois d'une sorte de bouillade d'œufs cassés directement sur la viande. Le roi se garnit la bouche d'une pincée de riz, il y introduit ensuite, à l'aide de petits bâtons d'ivoire, un morceau de volaille, puis il reprend une bouchée de riz, pioche dans la soucoupe au mouton, continue par une bouchée de porc, et recommence, passant alternativement en changeant de plat à chaque nouvelle bouchée. Pour toute boisson du thé pris en une seule fois après le repas.

A la villa des Pins que le gouvernement lui a assignée comme résidence, l'existence est pour Nam-Nghi très monotone, mais il paraît s'y complaire. On lui a quelques fois offert quelques excursions en voiture ; il a accepté, paraissant avoir à cœur de répondre aux avances qu'on lui faisait, sans toutefois manifester un grand plaisir ; il se lève vers neuf heures, se livre à quelque lecture ou à un petit travail d'écriture, coupe la journée par une sieste et se couche vers dix heures. Sa Majesté est grand fumeur de cigarettes qu'il fabrique lui-même en forme de grands cornets ; de temps en temps, il charge son narguilé à fourneau de bois laqué, et à long tuyau à spirale ; il prend une gorgée d'eau, la fait descendre dans le tuyau et aspire une seule bouffée ; la pipe est fumée ! Son cuisinier vient quelque fois lui jouer d'une sorte de guitare dont il tire une mélopée assez criarde qui paraît être fort agréable au roi ; on lui chante aussi quelques airs du pays et la journée s'écoule ainsi. Le gouverneur a attaché au service de la maison une dame de confiance qui a la haute direction du ménage royal, mais Sa Majesté en a paru très offusquée, elle évite même sa rencontre avec une sorte d'affectation ; pourtant, la machine à coudre dont se sert cette dame a excité sa curiosité, et sa sauvagerie a été en partie vaincue ; le roi se rapproche par instants ; il a même fait apporter un jour, un bout de tissu, demandant à ce qu'il fût fait quelques points sous ses yeux.

Le dimanche, la demeure est égayée par la visite de trois jeunes gens annamites, élèves du lycée d'Alger. Nam-Nghi paraît très heureux de ce supplément de société et cause amicalement avec ses visiteurs, jouant avec eux aux dames et aux échecs où il excelle. Ces jeunes gens sont absolument francisés, et je crois que c'est par eux qu'on pourra modifier les sentiments du roi à l'égard de la France ; mais l'œuvre sera longue, tout le fait présager.

C'est le capitaine de Vialar, attaché militaire du gouverneur général qui a été spécialement désigné pour prendre soin de Nam-Nghi ; il s'en acquitte avec une intelligence et une délicatesse de procédés qui semblent peu à peu lui gagner la sympathie du monarque. La reconnaissance paraît au reste être une qualité dominante chez lui, car il revient sans cesse, avec complaisance, sur les bons souvenirs que lui a laissés un officier, qui avait été attaché à sa personne, pendant son séjour à Hué, en attendant son embarquement pour l'Algérie.

Ajoutons pour terminer ces quelques renseignements sur cette individualité que Nam-Nghi, quoique d'apparence chétive, est persuadé qu'il possède une force extraordinaire. " Mon corps est de fer, a-t-il dit, un jour d'expansion à M. de Vialar, je suis invulnérable, essaye avec ton pistolet." Inutile de dire que l'officier a refusé de tenter l'expérience réclamée.

Je tiens tous ces détails de la bouche de M. de Vialar lui-même qui paraît avoir une certaine affection pour son prisonnier, car en dépit de tous les égards qu'on a pour lui, le prince est bel et bien prisonnier de guerre et c'est à ce titre qu'il est interné à Alger.

Nous partons d'Alger à 5 heures du matin, à destination d'Oran, avec 24 heures d'arrêt à Hamman' Rira, célèbre établissement balnéaire, situé à 95 kilomètres de la capitale. Nous passons Blidah, célèbre par sa position au milieu des forêts d'orangers et d'oliviers et nous arrivons à Bou-Medfa, où l'on prend l'omnibus pour Hamman' Rira, situé à 12 kilomètres du chemin de fer. L'établissement occupe l'emplacement des *Aquæ-Calidæ* des Romains, ville florissante sous le règne de l'empereur Tibère, vers l'an 32 de notre ère, et qui fut le rendez-vous général des malades et amateurs de bains.

Il y a plus d'un siècle, le docteur Shaw, l'archéologue anglais, dans la description qu'il donnait de ces ruines, parlait des vestiges d'un antique rempart, d'un bâtiment à colonnades situé au centre de la ville et d'un monument en forme de temple qui la dominait. Il décrit deux bassins, destinés l'un aux juifs, l'autre aux mahométans, et comme perdus dans les ruines des galeries et des constructions qui s'élevaient alentour, mais dont Berbrugger et l'auteur de l'Itinéraire ne retrouvaient plus trace en 1843.

Deux hôtels superbement installés ont été construits pour la commodité des nombreux visiteurs qui viennent prendre les eaux pour combattre les rhumatismes, la goutte, la scrofule et les maladies nerveuses. On dit aussi que le climat présente un ensemble de conditions hygiéniques qui complètent l'effet du traitement thermal et rendent à la santé des personnes abandonnés des médecins. Je ne fais que répèter ici ce que l'on m'a dit de l'effet curatif de ces eaux, car ce n'est pas en 24 heures de séjour que l'on peut apprendre à en parler avec connaissance de cause. On a trouvé aux environs, soit en creusant pour les fondations de nouvelles maisons, soit en faisant des fouilles particulières, une foule d'objets antiques dont on a fait un petit musée.

On y voit des inscriptions tumulaires, têtes d'enfants et de femmes, bustes de déesses, torses de guerriers, lampes funéraires dont l'une porte la signature *Oppi*, fioles à parfums en verre irisé, quelques bijoux, des masses d'armes, fragments de colonnes, moulures de pierres, vingt amphores et vases, et une infinité de médailles, etc.

Nous reprenons le train d'Oran à Bou-Medfa et nous apercevons en passant Affreville, Duperré, Orléansville, situés dans la fertile vallée du Chelif, l'errégaux et enfin Oran située à une distance de 420 kilomètres d'Alger. C'est ici que nous devons nous embarquer pour l'Espagne.

Oran est une ville de 70,000 habitants, chef-lieu de la province du même nom, située au fond d'une baie qui forme un port vaste et commode pour les navires du plus fort tonnage. Fondée vers l'an 950 de l'ère chrétienne, cette ville a appartenu tour-à-tour aux Maures, aux Espagnols, et depuis 1831, aux Français, qui l'ont conservée. Voici la description qu'en fait M. Piesse, dans son travail sur l'Algérie que j'ai déjà souvent cité :

" Oran, tour à tour arabe, espagnole et turque, est aujourd'hui une ville française, bien percée, bien bâtie, bien aérée, dont l'accroissement est prodigieux et dans laquelle la population européenne circule avec l'activité fiévreuse que donne le mouvement de plus en plus grand des affaires commerciales dans cette partie de notre colonie. On y voit encore défiler comme dans une lanterne magique : les militaires de tous grades et de tous corps, zouaves, turcos, chasseurs à pied et à cheval, spahis et artilleurs ; les juifs portant le costume de leurs compatriotes du Maroc : la lévite, le pantalon à pied et le bonnet noir ;—les juives, splendidement belles et couvertes de robes damassées d'or et de soie, quand elles ne sont pas laides et sordidement vêtues, sous leur châle rouge sang de bœuf ;—les Espagnols venus des villes ou des *huertas* de l'Andalousie, vêtus de grègues blanches, de l'alhamar, couverture de grosse laine rouge, et le mouchoir roulé autour de la tête, costume qui trahit son origine mauresque ;—les manolas, gaies, vives, bruyantes, remplissant comme à Alger, les fonctions de bonnes d'enfant ou de ménagères, mais n'ayant plus rien de national dans leurs vêtements ;—les Maures, insouciants, fatidiques, ne se trouvant pas trop étonnés de circuler au milieu des Européens ; puis, comme dans tous les grands centres de l'Algérie, les différentes races d'indigènes venus du dehors, et se partageant tous les petits métiers dont nous avons déjà parlé à propos d'Alger.

Ajoutons à cela qu'Oran est une ville forte, entourée de remparts, faisant un grand commerce avec l'intérieur et avec l'extérieur, et possédant de belles rues, de beaux boulevards et de belles places bordées de beaux édifices.

Nous reprenons encore ici un nouveau paquebot de la compagnie transatlantique, le *Bastia*, à destination de Carthagène, et demain nous serons en Espagne. La traversée, d'ici, se fait en dix heures, et il fait un temps superbe qui fait prévoir une mer tranquille et un passage heureux.

VINGT-HUITIÈME LETTRE

Murcie, 1ᵉʳ février 1889.

La traversée d'Oran à Carthagène s'est effectuée dans des conditions exceptionnelles, à cette saison de l'année, et la mer pouvait subir la traditionnelle comparaison du *vaisseau de lait*. Le ciel d'un bleu incomparable et d'une limpidité ravissante était piqué d'innombrables étoiles qui scintillaient comme des poignées de diamants que l'on aurait jetées pêle-mêle dans un immense écrin et sur lesquels on aurait dirigé les rayons d'un feu électrique. La houle longue et paresseuse d'une mer calme produisait un tangage presque imperceptible et balançait mollement le steamer qui filait en laissant derrière lui une traînée lumineuse. Tous les voyageurs réunis sur le gaillard d'arrière, au moment du départ, à neuf heures du soir, restèrent pendant longtemps à contempler en silence la beauté de cette scène inénarrable. Ce ne fut que lorsque la lumière des phares disparut à l'horizon que je songeai à me retirer dans ma cabine pour me reposer un peu, car nous devions arriver à Carthagène vers les sept heures, le lendemain matin.

En effet, le bruit de la manœuvre et les voix des officiers donnant des ordres, nous apprirent de bonne heure, que nous approchions des côtes d'Espagne, et à l'heure indiquée, nous étions à l'amarrage dans un des plus beaux et des plus vastes ports du monde. Quatre montagnes l'entourent en amphithéâtre et sur chacune d'elles s'élève une forteresse imposante et d'antique construction. Carthagène, l'antique cité maritime, fondée par Asdrubal pour former une autre Carthage, est le plus sûr des ports que possède l'Espagne sur la Méditerranée. Cette ville, peuplée aujourd'hui de 80,000 habitants, appartient au territoire de la Murcie. Comme je l'ai dit plus haut, elle est puissamment défendue par la nature et par l'art : une solide enceinte l'entoure et les hauteurs qui la dominent sont hérissées de fortifications. Carthagène a un remarquable arsenal maritime et un grand parc d'artillerie.

Son industrie et celle des environs, riches en minerais, comprennent surtout des fonderies, des fabriques de salpêtre, une verrerie, des chantiers de construction.

Les mines qui se trouvent dans presque tout le territoire de Carthagène pourraient être l'objet de spéculations lucratives; mais les travaux sont mal conduits, nous dit-on, et la main-d'œuvre est chère. On obtient plus de profit à soumettre à un nouveau traitement les amas considérables de scories laissées par les Romains. Quelques-uns de ces gisements de scories sont affermés 30, 40 et 50 mille dollars.

La ville possède peu de monuments importants, mais on trouve ça et là, quelques anciennes inscriptions romaines et carthaginoises. Le climat est délicieux. La température adoucie par la fraîcheur des brises y est très supportable pendant l'été et le froid y est à peine sensible pendant l'hiver. Nous y avons passé 48 heures, avec une température des beaux jours de juillet au Canada. Nous débarquâmes le dimanche matin, vers neuf heures, juste à temps pour admirer une foule endimanchée qui venait assister à la rentrée du paquebot. Les costumes des femmes, aux couleurs brillantes et aux modes exotiques, tranchaient sur les longs manteaux noirs dans lesquels se drapent les *caballeros*; et c'était vraiment une scène bien pittoresque que présentaient les quais animés par les allures vives et les conversations démonstratives de ces populations méridionales. Dans l'après-midi, il y eut cirque suivi du dernier acte de rigueur, le *toro embolado*. On sait que dans toutes les villes d'Espagne, il y a de grandes arènes où ont lieu les courses de taureaux chaque dimanche, pendant la belle saison. Pendant les mois d'hiver, on supprime les véritables combats de taureaux, mais on continue à présenter régulièrement au peuple, comme *dessert* obligé de tous les amusements en plein air, un taureau dont les cornes ont été rendues plus ou moins inoffensives, en y fixant des boules de cuivre. On lâche l'animal dans l'arène et tous les gamins de l'endroit s'y précipitent. On agace le taureau avec des manteaux aux couleurs brillantes et alors celui-ci fait tout son possible pour se venger sur ses ennemis qu'il poursuit et qu'il atteint souvent sans pouvoir leur faire grand mal, grâce à leur adresse et à leur habitude de ces scènes vraiment comiques. Il arrive quelque fois des accidents, mais rarement, car il se trouve toujours sur place des lutteurs expérimentés qui interviennent lorsque l'animal devient trop dangereux.

Après 48 heures de séjour à Carthagène, nous nous dirigeons vers Murcie, capitale de la province du même nom, et centre d'une des plus riches campagnes de la péninsule. Le parcours de trois heures, en chemin de fer n'offre rien de bien intéressant, jusqu'au moment où on entre dans la *huerta*, coupée d'irrigations et plantée d'orangers, de citronniers et de mûriers. Cette campagne irriguée d'après le procédé artificiel des Arabes est aussi célèbre que celles de Valence et de Grenade. Murcie ne renferme que peu de monuments intéressants en dehors de sa cathédrale et du palais épiscopal, mais ses promenades le long de la *Segura* sont délicieuses. Avec une population de 90,000 habitants, Murcie fait un commerce important d'exportation d'oranges, de citrons et de mandarines. On y récolte aussi beaucoup de blé et on y fait l'élevage du ver à soie sur une grande échelle.

La tour de la cathédrale qui compte parmi les constructions les plus importantes de ce genre est haute de 146 mêtres—une des plus hautes du monde entier. On monte jusqu'aux cloches par une succession de rampes en pente douce, séparées par dix-huit paliers, sur lesquels on pourrait fort bien conduire un cheval. Un escalier tournant, en pierre, conduit à la lanterne, d'où l'on jouit, sur le pays environnant, d'une vue magnifique.

Nous prenons à cinq heures du soir la route de *Ciudad Real* et de *Cordoue* en passant de nuit par *Chinchilla, Albacete,* et *Manzanarès.*

CORDOUE, 3 février.

Les chemins de fer espagnols circulent avec une lenteur désespérante et un parcours qui se ferait en Amérique en six heures, en prend au moins douze en Espagne.—Et il n'y a pas de *sleeping-cars* sur les routes du midi, ce qui fait qu'on est forcé à voyager de nuit dans les wagons de première classe qui sont cependant assez confortables ; mais on n'y repose guère.

Nous nous arrêtons pendant trois heures à *Ciudad-Real,* ville de 12,000 habitants, située dans une plaine d'agréable aspect. Cette ville jadis florissante est aujourd'hui peu animée et des quartiers entiers, autrefois populeux, sont maintenant inhabités. Elle fut le berceau de la Ste. Hermandad. On y remarque la belle église gothique de Santa-Maria-del-Prado ; l'hôpital de la Miséricorde ; la place de la Constitution ; une intéressante porte ; plusieurs couvents et quelques édifices particuliers.

Nous reprenons la route de Cordoue qui est le chef-lieu de la célèbre province de l'Andalousie et nous y restons un jour pour admirer ses monuments antiques. Cordoue est une ville de 45,000 habitants, qui s'élève sur la rive droite du Guadalquivir, à l'extrémité d'un contre-fort de la Sierra Monera, dans une belle et riche contrée. C'est l'une des plus anciennes cités de la péninsule. Elle fut fameuse à l'époque des Maures, autant par son immense population, la richesse de ses monuments, l'activité de son industrie, que par ses nombreuses écoles et ses riches bibliothèques. Il reste de cette splendeur passée un magnifique édifice, le plus beau des monuments religieux élevés par les Arabes sur le sol espagnol, la mosquée de Cordoue, véritable chef-d'œuvre de l'art mauresque. Elle a été transformée en cathédrale chrétienne avec un chœur de style gothique ; elle fut bâtie au VIIIe siècle, par Abdérame. Elle comprend 29 nefs dans sa longueur et 19 nefs dans sa largeur, ensemble somptueux, d'une extrême richesse de décoration, supporté par d'innombrables colonnes de jaspe et de marbres précieux. On y compte plus de 50 chapelles. La merveille de ce monument est l'ancien sanctuaire arabe, le Mihrab, admirablement orné de délicates sculptures et de mosaïques.

Cordoue a conservé l'aspect d'une ville arabe, avec ses nombreuses constructions mauresques et ses rues étroites. Elle est toujours entourée de sa vieille enceinte flanquée de grosses tours. Son industrie, si florissante autrefois, surtout en ce qui concerne le travail du cuir, est aujourd'hui peu animée.

On y remarque plusieurs églises ; le palais épiscopal, orné d'un riche escalier ; les alcazars, dont l'un a été transformé en prison, plusieurs hôpitaux ; quelques couvents intéressants ; la Plaza de Toros ; deux promenades, etc.

Ma prochaine lettre vous parlera de Séville et de Grenade, de l'Alcazar et de l'Alhambra, de ces deux merveilleuses productions de l'art mauresque.

VINGT-NEUVIÈME LETTRE

Séville, 5 février 1889.

Il faudrait un mois pour visiter Séville en détail, et encore ne pourrait-on voir que les principaux monuments. Aussi n'ai-je pas la prétention d'avoir tout vu, tout visité. J'ai consulté avec avantage l'excellent livre : Itinéraire général de l'Espagne et du Portugal, par M. Germond de Lavigne, de l'Académie Espagnole ; et j'ai puisé là tous les renseignements nécessaires, pour faire une visite courte mais fructueuse, et c'est un résumé de cette étude que je vais faire ici.

Séville, l'ancienne Hispalis, située sur la rive gauche du Guadalquivir, dans une délicieuse plaine plantée d'oliviers, est la capitale de la province de ce nom et de toute l'Andalousie. Sa population dépasse 140,000 habitants. La magnificence de ses monuments et l'agrément de son séjour en font une des plus intéressantes villes de l'Espagne. Séville a conservé son caractère ancien, ses rues étroites et tortueuses et de fort belles constructions présentent tout le type arabe. Les maisons modernes sont peintes en couleurs claires, soit en bleu, en gris-perle, en vert, en jaune, ou en rose pâle. Partout des balcons qui font saillie sur la rue et qui brisent la monotonie d'une architecture à peu près semblable. Chaque maison a son *patio* ou cour intérieure, comme les maisons arabes d'aujourd'hui et les anciennes maisons romaines et la fraîcheur y est entretenue, en été, par des fontaines d'eau vive.

La cathédrale de Séville est un superbe édifice gothique, bâti au XVe siècle. Elle se compose de cinq nefs d'une grande élévation et du plus majestueux effet. L'ornementation y est d'une richesse extrême : chacune des 37 chapelles, la *Capella mayor* surtout, mérite une visite particulière. Cette basilique renferme, dans une châsse d'argent, le corps du roi Ferdinand-le-Saint (Précieux Trésor). On admire dans la cathédrale et dans le musée provincial de Séville de nombreuses toiles des plus célèbres peintres espagnols, notamment le fameux *Saint-Antoine de Padoue*, de Murillo. La belle tour mauresque de la Giralda, l'orgueil des Sévillans, est attenante à la cathédrale ; c'est un monument haut de 84 mètres, d'un aspect très noble et d'où l'on obtient une belle vue. Outre sa cathédrale, Séville possède de nombreuses et intéressantes églises.

Parmi les autres monuments, on remarque : l'Alcazar, presqu'aussi beau que l'Alhambra de Grenade ;—le Palais de Pilate, qui appartient à la fois au style mauresque et au style de la Renaissance ; — la Lonja ; — le Palais de l'Archevêché ; — celui de l'Ayuntamiento ; — celui de San-Telmo ; — l'Hôpital de la Charité ; — la Halle aux blés, etc. Les principales places sont : la Plaza del Triunfo que décorent la Cathédrale, l'Alcazar et la Lonja ;—la Place Neuve, où s'élève le Palais de l'Ayuntamiento ;—la Place de la Constitution, très animée, où est bâtie l'Audiancia ; — la Place de la Madeleine. L'eau est amenée dans la ville, depuis Alcala de Guadaira, par un remarquable aqueduc de plus de 400 arches. Séville est fort animée par l'industrie, qui comprend, entre autres usines, une fonderie de canons, de grandes faïenceries, une manufacture de tabacs, une fabrique de parfumeries. Cette ville se distingue aussi par ses établissements d'instruction : université ; nombreux colléges ; école de mathématiques ; école de pharmacie ; musée, bibliothèques, etc. La capitale de l'Andalousie, qui occupe une si brillante place dans l'histoire de la peinture espagnole, est la patrie de Murillo, de Velasquez, de François Herrera, de de Vargas ;—à Séville aussi sont nés les poëtes Ferdinand de Herrera, surnommé *le Divin*, et Lope de Rueda, ainsi que l'admirable compagnon de Christophe Colomb, Barthélémi de Las Casas, évêque de Chiapa.

Près de Séville, on remarque l'antique *Italica*, aujourd'hui *Santi-Ponce*, ou vieille Séville, où naquirent les empereurs Trajan, Adrien et Théodose.

Le musée de Séville est surtout célèbre par le grand nombre des œuvres de Murillo, qui sont contenues dans une salle spéciale, mais tous les maîtres de l'école espagnole y sont aussi représentés.

Séville possède aussi ce que l'on appelle un *préside* organisé sur le système coopératif et qui peut, dit-on, être considéré comme un modèle du genre. Ce *préside* est divisé en ateliers et la moitié des produits nets de ces ateliers revient à l'établissement, l'autre moitié aux travailleurs.

Nous quittons Séville avec le très sincère regret de n'y pouvoir y demeurer plus longtemps, et nous nous dirigeons sur Grenade, pour reprendre ensuite à la hâte la route de Tolède, Madrid et du nord de l'Espagne.

Grenade, 6 février.

Nous n'avons pu consacrer qu'une seule journée à Grenade, aussi, je tiens à le répéter, je n'ai pas l'intention d'entrer dans des descriptions étendues de monuments que nous avons visités à la hâte. Je me contenterai d'un court aperçu historique et d'une nomenclature des superbes choses que l'on y peut admirer.

Grenade est ainsi appelée parce que, bâtie en amphithéâtre sur les pentes de trois collines que couronnent le Génératife, l'Alhambra et d'antiques tours, dites Tours vermeilles, elle ressemble à une grenade entr'ouverte. Cette ville occupe une merveilleuse situation, dans une campagne couverte d'une riche végétation, arrosée par le Darro et le Genil et dominée par les cîmes majestueuses de la Sierra Névada. La capitale de l'ancien royaume de Grenade, le dernier boulevard des Arabes en Espagne, comptait jadis dans ses murs jusqu'à 400,000 âmes ; sa population actuelle est de 75,000 habitants. On y distingue la vieille ville, au cachet arabe, et la ville moderne, parsemée de plusieurs belles places.

L'Alhambra de Grenade, palais et forteresse des rois maures, est le plus beau des monuments élevés en Espagne par le génie arabe. Toutes les richesses de l'art mauresque : arabesques, colonnettes, dentelle de sculptures, faïences coloriées, ont été prodiguées avec un goût exquis dans les nombreuses salles, dans les cours, les galeries et les portiques de cette construction, demeurée admirable en dépit des ravages du temps et du marteau des démolisseurs; une partie de l'Alhambra ayant été remplacée par le palais de Charles-Quint, édifice qui est d'ailleurs, d'un beau caractère. On cite surtout : la salle des ambassadeurs, la cour des lions, la cour du réservoir, la salle de justice, celle des Abencérages. Du haut du minaret, la vue embrasse le splendide panorama de la vega ou campagne de Grenade. Le Génératife, villa des rois maures, décoré avec beaucoup moins de richesse que l'Alhambra, est remarquable par ses beaux jardins et l'admirable aménagement de ses eaux. La cathédrale, édifice de l'époque de la renaissance, a une belle façade ornée de statues. D'intéressantes œuvres d'art en décorent l'intérieur, notamment les portraits authentiques de Ferdinand-le-Catholique et d'Isabelle. Deux chapelles méritent surtout d'être visitées : la *capella mayor* et la chapelle royale, où se trouvent les mausolées de Ferdinand, d'Isabelle, de Jeanne-la-Folle et de Philippe-le-Beau. Grenade a de nombreuses églises, parmi lesquelles on visite surtout celle du monastère de la Carturja, en raison des œuvres artistiques qu'elle renferme. On remarque encore : l'hôpital Royal, sur la plaza de Triunfo, place et promenade très fréquentées ; l'Audiencia, sur la place Neuve ; d'intéressants établissements universitaires ; un musée provincial et de ravisantes promenades.

Tolède, 8 février 1889.

Trente heures de chemin de fer et nous voilà à Tolède, à 90 kilomètres de Madrid. Nous avons retracé nos pas jusqu'à Ciudad-Real et nous filons maintenant vers les frontières de France, avec l'intention de nous arrêter seulement à Madrid, à l'Escurial et à Burgos.

Tolède, ancienne capitale de l'Espagne, occupe une grande place dans l'histoire du pays, tant au point de vue politique que sous le rapport religieux. Elle reste, quoique bien déchue de son ancienne splendeur, une des villes les plus intéressantes de la monarchie. Bâtie sur un rocher que baigne le Tage, Tolède, la " mère des villes " est encore ceinte de ses vieilles murailles crénelées, dont les portes et les tours sont très remarquables. L'intérieur de la ville, labyrinthe des rues étroites et tortueuses, offre le plus vif intérêt, en raison des innombrables beautés architecturales que l'œil y découvre : colonnettes, ogives, arabesques, etc., appartenant à l'époque des Goths, des Musulmans et des Juifs, ainsi qu'aux siècles chrétiens. On y trouve aussi des restes d'une voie romaine, d'un aqueduc, d'un cirque, etc. La Cathédrale, commencée sous le règne de Ferdinand-le-Saint (XIIIe siècle), église primatiale de l'Espagne, est l'un des plus beaux et des plus vastes monuments gothiques du monde. La façade est majestueuse et l'intérieur, composé de cinq vaisseaux que soutiennent 88 colonnes et qu'éclairent plus de 700 fenêtres avec vitraux de couleur, est d'une richesse extrême. On admire surtout le maître-autel, les stalles du chœur, la *capella mayor*, la chapelle de Notre-Dame del-Sagrario (du tabernacle), celle de Saint-Ildefonse, la chapelle Mozarabe, la sacristie, un trésor d'une grande magnificence, un superbe cloître, des peintures de mérite et une bibliothèque dont les manuscrits sont inestimables.

Parmi les autres églises de Tolède, on cite particulièrement celles de San-Juan-de-los-Reyes, de Notre-Dame-del-Transito, de Santa-Maria-la-Blanca ; ces deux dernières sont d'anciens monuments judaïques.

L'une des plus célèbres curiosités de Tolède est l'Alcazar des rois maures, qui occupe le point culminant de la ville, monument ruiné, mais d'un aspect grandiose. L'hôtel de ville mérite également d'être visité.

Tolède a d'intéressants établissements d'instruction : école militaire, grand séminaire, collèges, bibliothèque de 70,000 volumes, musée, et une manufacture d'armes blanches depuis longtemps renommée. Sa plus remarquable institution charitable est l'hospice d'aliénés.

Tolède n'a plus aujourd'hui que 17,500 habitants, mais elle n'en reste pas moins, comme je l'ai dit plus haut, une des plus curieuses et des plus intéressantes villes de l'Espagne.

" Il faudrait une année, dit M. Germond de Lavigne, pour étudier Tolède, jour par jour, dans ce dédale de ruelles escarpées et montueuses, pour demander les secrets de l'art à cette curieuse confusion d'arcs, de voûtes, d'ogives, de fenêtres et de colonnettes qui sont des trésors, barbouillés, hélas ! d'une quintuple couche de chaux. Pour peu que l'on gratte, partout on retrouve des sculptures, des arabesques, des méandres, des feuillages, des animaux fantastiques."

" Sur toutes les portes on aperçoit des écussons armoriés et des devises ; aux croisées, des balcons en vieux fer tourmenté et des grilles à barreaux serrés ; à toutes les maisons de vieilles portes massives, bordées de bandes de métal, garnies de marteaux historiés, ferrées, de clous rangés avec ordre, serrés et pressés, à têtes ciselées, grosses comme des œufs."

C'est bien à regret que nous quittons Tolède sans avoir pu admirer toutes ces belles choses et demain nous serons à Madrid d'où je vous écrirai ma prochaine lettre.

TRENTIÈME LETTRE

Madrid, 10 février 1889.

Nous ne resterons que deux jours à Madrid, et je tiens à dire pourquoi ; car il paraîtrait absurde de venir du Canada pour ne consacrer que quarante-huit heures à la capitale de toutes les Espagnes.

Madrid est une superbe ville de 400,000 habitants, qui s'élève au centre de l'Espagne sur le Manzanarès, dans une campagne aride et sablonneuse. Son climat, très chaud en été et très froid en hiver, est excessivement défavorable aux personnes nerveuses ou faibles de la poitrine, et les hôtels, comme dans tous les pays méridionaux, laissent beaucoup à désirer au point de vue du confort intérieur.

"On prétend qu'autrefois, dit M. Germond de Lavigne, Madrid jouissait d'un climat délicieux qui décida Philippe II à lui donner la préférence sur ses illustres rivales, lorsqu'il eut à choisir une capitale. Les choses ont changé depuis ; mais pas à ce point qu'il n'y ait plus que deux saisons dans cette ville : neuf mois d'hiver et trois mois d'enfer, selon le dicton vulgaire. Le ciel est presque toujours pur et serein, mais l'air est sec, vif et pénétrant, surtout en hiver. Il est très dangereux pour les poitrines délicates, pour les personnes qui ont le système nerveux impressionable ; on en ressent les effets sans qu'il fasse un souffle d'air, ce qui a fait dire proverbialement :

> El aire de Madrid es tan sotil
> Que mata á un hombre,
> Y no apaga á un candil.

Ce qui veut dire, en français, que l'air de Madrid est si subtil qu'il tue un homme lors qu'il n'éteint pas une chandelle.

Le printemps y est tempéré et souvent pluvieux, l'été brûlant, l'automne généralement sec et beau jusqu'au mois de novembre. "L'élévation du sol, dit M. Guéroult, *Lettres sur l'Espagne*, le voisinage des montagnes y donnent au froid une intensité particulière. On souffre plus à Madrid l'hiver avec quatre degrés, qu'à Paris avec douze. Il souffle du Guadarrama un air subtil et pénétrant qui vous entre dans la poitrine comme une pointe aiguë, qui serre les tempes et irrite les nerfs ; et, si l'on a pas bien soin de s'envelopper dans son manteau et de se couvrir la bouche avec un pli et le pan rejeté sur l'épaule, on court risque d'attraper une maladie terrible, qu'on appelle ici pulmonie, et qui vous envoie d'ordinaire dans l'autre monde en moins de deux ou trois jours. Quelquefois, il est vrai, des journées ravissantes, tièdes, sereines, éclatantes de soleil, viennent interrompre le règne de cette température glaciale ; alors on se croirait au mois de mai."

" L'absence d'arbres dans les alentours est une des causes les plus réelles de cette rudesse du climat de Madrid. Rien ne préserve la ville, en hiver des vents du nord, en été des rayonnements brûlants des sables qui l'entourent. Toutefois, il se fait tous les jours de nouvelles plantations, et peu à peu, dans quelques années, Madrid abrité rentrera en possession de son ancien climat."

" Après la pulmonie, le climat de Madrid réserve encore, surtout aux étrangers, une maladie endémique qui fait quelquefois bien des ravages ; c'est une colique convulsive qui paraît avoir quelque rapport avec celle des peintres, et qui a souvent des suites longues et fâcheuses. On dit aussi que Madrid est fatal aux enfants pendant la période de la dentition, et enfin qu'il est prudent de suivre un régime sévère pour échapper aux suites fâcheuses et souvent fatales d'un climat meurtrier."

Ces citations, étant donné l'état de santé où je me trouve, me paraissent plus que suffisantes pour expliquer mon passage précipité dans une ville aussi dangereuse.

Quoiqu'il en soit, Madrid n'en est pas moins devenue la première cité espagnole, se distinguant par l'importance de sa population, par ses admirables musées, ses écoles, ses établissements publics, ses manufactures, et par sa situation au point de croisement des grandes artères de la monarchie. Elle a en outre la renommée d'être l'une des plusbelles villes de l'Europe. On remarque surtout les rues d'Alcala, d'Atocha, du Fuen Carral, de Toledo ; — la plaza mayor, décorée de la statue équestre de Philippe III ; — la célèbre Puerta del Sol, au centre de Madrid, l'une des merveilles de la capitale de l'Espagne, à laquelle viennent aboutir huit des plus belles rues de la ville ; — la place d'Orient, où s'élèvent le palais royal, le théâtre royal et la statue équestre de Philippe IV ; — la place du Congrès, ornée de la statue de Cervantès ; — la magnifique promenade du Prado, la plus fréquentée ; — d'autres charmantes promenades, telles que les Délices, prolongement du Prado : la Florida, sur la rive droite du Manzanarès ; la Castellana, et surtout les délicieux jardins du Buen Retiro, le lieu le plus agréable de la ville.

Le principal monument de Madrid est le palais royal, édifice d'une architecture grandiose, construit en pierre de taille blanche. Il renferme de somptueux salons, auxquels conduit un escalier d'honneur en marbre blanc moucheté de noir. On y admire tout particulièrement les salles du trône, la chapelle, le vestibule d'honneur aux belles colonnades, la cour intérieure, etc. Parmi les autres édifices civils, on doit citer : les palais des Cortès et des divers ministères ; l'audiancia ; l'hôtel-de-ville ; le palais Villa-Hermosa, etc.

Les monuments religieux de Madrid sont très nombreux, mais aucun ne présente le caractère remarquable des imposantes basiliques que l'on admire dans quelques anciennes cités espagnoles : Tolède, Burgos, Valladolid, etc. Les plus belles et les plus riches églises de Madrid sont celles de Notre-Dame-d'Atocha où se célèbrent les mariages royaux ; de San-Isidoro-el-Real ; de San-Justo-y-Pastor ; de San-Ginès, etc.

Le musée royal de Madrid est une merveille. Il comprend plus de 2,000 tableaux, réunion de chefs-d'œuvre des plus grands maîtres, répartis dans plusieurs galeries et classés par école. Les plus précieuses de ces toiles sont exposées dans une rotonde à coupole vitrée, dite salon d'Isabelle II. On admire là des œuvres célèbres de toutes les écoles.

Je cite un peu au hasard les tableaux les plus remarquables, mais il faudrait reproduire le catalogue en entier pour rendre justice à cette collection merveilleuse : Raphaël, *La Sainte Famille au lézard* ; *La Sainte Famille à l'agneau* ; *La Vierge à la rose* ; *La Vierge au poisson* ;—Le Titien, *Bacchanale* ; *Offrande à la déessse des amours ; Vénus et Adonis ; Charles-Quint ;*—Giorgione, *Sujet mystique ; Ste. Brigitte ;*—Le Corrège, *La Vierge, l'Enfant Jésus et St. Jean ;*—Rubens, *St. Georges terrassant le dragon ; le Serpent d'airain ; Persée délivrant Andromède ;*—Rembrandt, *La reine Artémise ;*—Van Dyck, *Portraits ;*—Albert Dürer, *son portrait à* 26 *ans ;*—Mengs, *Adoration des Bergers ;*—Velasquez, *Les Buveurs ; La Forge de Vulcain ;*—Ribera, *L'Echelle de Jacob ; Jacob recevant la bénédiction d'Isaac ;* —Murillo, *L'Adoration des Bergers ; St. François-de-Paule ;*—Claude le Lorrain, *Paysage au soleil couchant ;*—Poussin, *David vainqueur de Goliath ;*—Le Tintoret, Sébastien del Piombo, Véronèse, Carrache, Zurbaran, etc., etc.

Nous avons aussi fait des visites précipitées mais fort intéressantes au Musée San Fernando ; à l'Armeria, qui renferme des armes d'hommes célèbres, tels que le Cid, Boabdil, Gonzalve de Cordoue, Christophe Colomb, Charles-Quint ; aux musées de l'artillerie et de la marine ; aux bibliothèques ; au jardin botanique ; au cabinet d'histoire naturelle.

On remarque aussi quelques belles portes, notamment celle d'Alcala ; des fontaines artistiques ; la place des taureaux (arène entourée de gradins), etc.

Madrid a une très grande importance commerciale et industrielle, et en dehors des grands établissements financiers, on remarque surtout les fabriques de tabac, de poudre, de papier, d'orfévrerie, de tapis, de céramique et de voitures ; une grande fonderie qui produit toute espèce de machines et des imprimeries nombreuses où l'on exécute de fort beaux travaux de typographie.

Voilà en partie ce que j'ai vu et ce que j'ai pu apprendre, pendant deux jours que j'ai passés à Madrid, mais je n'hésite pas à déclarer que je préfère à cette grande capitale moderne, les plus anciennes et plus pittoresques villes du midi que nous avons visitées. Un vieux proverbe espagnol dit :

> Que no ha visto Sevilla
> No ha visto nada.

Qui n'a pas vu Séville n'a rien vu, et je suis parfaitement de l'avis du proverbe, au moins pour ce qui concerne l'Espagne.

Nous passerons six heures, demain, à visiter le palais de l'Escurial, situé à une heure et demie de Madrid, sur la route du nord, et nous irons coucher à Valladolid, afin d'interrompre un peu, la série un peu trop nombreuse de nos nuits passées en chemin de fer.

TRENTE-ET-UNIÈME LETTRE

Burgos, 12 février 1889.

J'écris ma dernière lettre d'Espagne, et sans vouloir entrer dans de longues considérations sur ce qui m'a le plus frappé, durant mon court voyage, je désire cependant dire un mot de deux ou trois traits bien saillants de la civilisation espagnole.

Une des premières recommandations que l'on m'a faites, en débarquant à Carthagène, ça été de me défier de la *fausse monnaie*. Il paraît qu'elle circule partout en Espagne et que l'on vous en donne aussi bien dans les administrations publiques que chez le plus humble épicier du coin. Il s'en fabrique évidemment sur une vaste échelle et s'il faut en croire la rumeur publique, le gouvernement ferme les yeux sur ce que l'on considère *ici* comme une peccadille. Tant pis pour celui qui s'y fait prendre, il repasse la fausse pièce à son voisin. On m'a même assuré que la fabrication des pièces fausses était considérée comme une industrie assez respectable et l'on m'a désigné, à Séville, des banquiers bien connus qui passent pour posséder des *actions* dans certaines sociétés anonymes qui s'occuperaient spécialement de l'alliage des métaux et de la frappe de *médailles commémoratives*. Je sais que j'ai moi-même reçu de la menue monnaie qui me paraissait bien suspecte, mais que les garçons d'hôtel et de restaurant acceptaient volontiers comme pourboires, avec un sourire obséquieux.

On fume toujours et partout, en Espagne ! On fume en chemin de fer, dans tous les wagons, sans exception ; au théâtre dans tous les entr'actes ; à table, entre chaque mets, qu'il y ait des femmes à la même table, ou qu'il n'y en ait pas, cela ne fait rien à la chose ; et un *caballero* perdrait son appétit s'il n'allumait pas une cigarette après sa soupe, après le poisson, après le rôti, après le gibier et après la salade. Au dessert, pour accentuer la chose il embouche un long cigare qu'il termine en prenant son café. Et la coutume est universelle. Je dois avouer que cela est bien un peu gênant, dans les hôtels, pour les dames du nord ; mais l'Espagnol avec son flegme imperturbable, que l'on pourrait assez facilement qualifier plus sévèrement, se dit probablement que les étrangers n'ont qu'à le laisser tranquille chez lui, en restant, de leur côté, tranquillement chez eux. D'ailleurs il faut dire que les hôtels sont généralement très mal tenus en Espagne, et que si, comme l'affirme avec soin le proverbe anglais, la propreté est une vertu divine, l'Espagnol n'a absolument rien de divin dans sa manière de tenir un hôtel pour la réception du public voyageur.

Les chemins de fer espagnols sont organisés comme les chemins de fer français, avec cette différence qu'ils circulent généralement avec une lenteur désespérante. Je ne désire pas, d'ailleurs, traiter cette question maintenant, car j'ai l'intention, à la fin de mon voyage, d'établir une comparaison entre les systèmes européen et américain, au triple point de vue des facilités, de la commodité et du coût relatif des voyages en Europe et en Amérique.

Je reprends la relation de mon voyage :

Le palais de l'Escurial situé à 51 kilomètres de Madrid dans une campagne aride et accidentée, est célèbre par la résidence royale de ce nom, majestueux édifice, aux vastes proportions, construit par Philippe II, en mémoire de la bataille de St. Quentin. L'ensemble du monument affecte la forme d'un gril, instrument de torture de St. Laurent (la victoire de St. Quentin ayant été remportée par les troupes de Philippe II, le jour de la St. Laurent : 10 août 1557). Commencé par Jean-Baptiste de Tolède, en 1563, l'Escurial fut terminé par Jean de Herrera, en 1584. Outre le palais, il renferme un monastère, une église et le caveau des rois d'Espagne ou Panthéon. Un grand parc et plusieurs beaux jardins y sont attenants.

Nous avons visité particulièrement, dans le palais, l'appartement de Philippe II, où ce monarque est mort, et la galerie des batailles, décorée de fresques qui représentent des victoires espagnoles, notamment celle de St. Quentin.

L'église, en forme de croix grecque, est précédée d'une façade de cinq arcades soutenues par des colonnes d'ordre dorique : les beaux marbres y sont prodigués. On admire surtout le sanctuaire, qui renferme un magnifique autel et les statues en bronze doré de Charles-Quint, de Philippe II et de plusieurs reines et infantes ;—la sacristie, où l'on voit l'autel de la Santa-Forma (Sainte Hostie), orné de marbre, de jaspe, de bronze doré, ainsi qu'un riche trésor ;—les stalles du chœur en bois d'ébène et de cèdre ;—de remarquables tableaux ;—un Christ en marbre blanc de Benvenuto Cellini.

Le grand escalier, qui conduit de l'église au cloître intérieur, mérite une attention particulière.—Le Panthéon, ou caveau royal, est une église souterraine, ornée de marbre précieux.

L'Escurial a une bibliothèque très renommée, riche en manuscrits hébreux, grecs, arabes, latins et en dessins d'artistes célèbres.

Nous avons aussi visité, tout à côté de l'Escurial, le pavillon de Charles IV (*la casa del principe*) qui forme un petit musée de peintures, de sculptures et de mosaïques.

La construction de l'Escurial a duré 21 ans, a coûté plus de 20,000,000 de francs à Philippe II, et cette entreprise considérable n'a été terminée que sous les règnes suivants.

Nous reprenons le *rapide* à trois heures et demie de l'après-midi, et nous couchons à Valladolid, ville célèbre de la vieille Castille, qui s'élève dans une grande plaine, riche en blés, sur les bords du Pisuerga et de l'Esgueva. Elle est animée par de nombreuses fabriques et par un actif commerce : blés, farines, vins, cuirs, gants, tissus, etc. Comme Burgos, Valladolid "la Noble" est renommée par ses monuments et ses souvenirs historiques. Le mariage de Ferdinand-le-Catholique et d'Isabelle y fut célébré, et les rois d'Espagne y séjournèrent souvent. On y montre la maison où mourut Colomb ; celle où vécut Cervantès ; celle où est né Philippe II et le couvent San-Pablo, où résida l'inquisiteur Thomas de Torquemada, né à Valladolid.

Valladolid a de remarquables places publiques : la plaza Mayor, la plus fréquentée, est ornée de portiques que soutiennent plusieurs centaines de piliers de granit, et au-dessus desquels s'élèvent de luxeuses maisons à trois rangs de balcons. Sur la plaza Campo Grande, on ne compte pas moins de treize églises et de nombreux édifices.

La cathédrale, construite sur l'ordre de Philippe II, et sur un plan magnifique est inachevée. On est frappé du caractère majestueux de l'achitecture intérieure et on admire particulièrement les sièges du chœur sculptés par Herrera ; le tombeau de don Pedro Ansurez, seigneur et bienfaiteur de Valladolid ; le cloître ; le trésor. Les autres monuments religieux les plus dignes d'attention sont : l'église St. Paul, construite par le cardinal de Torquemada ; la Magdalena ; les églises de Santa-Maria-de-las-Augustias, de la Cruz, de San-Lorenzo, de San-Miguel, de San-Martin, de las Huelgas, etc.

Les autres édifices et monuments les plus remarquables sont : le palais royal ; l'ancien couvent de San-Gregorio, aujourd'hui résidence du gouverneur civil ; l'Audiancia, ancien palais de l'Inquisition ; les théâtres et la porte del Carmen.

Le musée de Valladolid, qui possède notamment quelques toiles de Rubens, est, après ceux de Madrid et de Séville, le plus célèbre de l'Espagne. Les bibliothèques méritent également d'être mentionnées.

Valladolid qui compte 55,000 habitants, se distingue aussi par son université, ses sociétés savantes et philantropiques et ses institutions charitables.

Quatre heures de chemin de fer nous conduisent à Burgos, qui est notre dernière étape en Espagne, et j'ai excédé de quatre jours la limite qu'avait fixée mon médecin, à Alger, pour mon séjour dans la patrie du Cid. Heureusement que je ne m'en porte pas plus mal et que les traces de ma maladie disparaissent tous les jours.

Burgos, ville de 32,000 habitants, est au point de vue historique, une des cités les plus célèbres de l'Espagne. Elle a vu naître le Cid et fut la capitale de la monarchie castillane avant Tolède et Madrid. Déchue de son ancienne splendeur, cette ville est toujours remarquable par ses monuments.

La cathédrale de Burgos, fondée en 1221, par le roi Ferdinand-III-le-Saint, est un chef-d'œuvre de l'art gothique merveilleusement sculpté. On admire surtout sa façade, véritable dentelle de pierre ; ses clochers hauts de 84 mètres et dominant majestueusement la ville de ses flèches et clochetons d'une légèreté extrême ; sa rose ; les richesses artistiques de l'intérieur ; de magnifiques vitraux, statues, mausolées, bas-reliefs, tableaux de maître, etc. Parmi les autres monuments de Burgos, on doit citer : l'hôtel de ville, qui renferme les restes du Cid ; les églises San-Gil, San-Esteban, San-Nicolas, Santa-Agenda ; un arc de triomphe ; la porte Santa-Maria, etc.

Burgos, bâtie sur une colline et baignée par l'Arlanzon, ne jouit pas d'un climat fort agréable ; elle a néanmoins de jolies promenades, dont les plus fréquentées sont celles de l'Espolon et de l'Isla. On y voit aussi de fort beaux établissements charitables, quelques hôpitaux et un hospice d'enfants trouvés.

On peut faire d'intéressantes promenades à la Chartreuse de Miraflorès, au monastère de Santa-Maria-de-las-Huelgas, au couvent de San-Pedro-de-Cardena. Ce sont là, à peu de distance de la ville, des monuments remarquables au double point de vue artistique et historique.

Nous montons en wagon à onze heures du soir, et après avoir passé de nuit les villes importantes de Vittoria et de St. Sébastien, nous serons demain matin, à six heures, à Hendaye, première ville de la frontière française. Nous avons l'intention de nous arrêter à Biarritz et à Bayonne et de filer ensuite sur Bordeaux ; mais la température pèsera pour beaucoup dans la décision que nous prendrons alors.

TRENTE-DEUXIÈME LETTRE

Bordeaux, 15 février 1889.

Après avoir voyagé toute la nuit, nous nous éveillons le matin de bonne heure pour voir en passant la ville et le port de Saint Sébastien. Nous traversons ensuite la *Bidassoa*, qui sépare ici l'Espagne de la France, et nous entrons en gare de Hendaye, gros village français, où se fait l'inspection des bagages. Rien de bien remarquable ici. Les douaniers français sont courtois et affables et il suffit d'être poli avec eux pour n'éprouver aucun embarras. C'est ce que ne comprennent pas toujours les étrangers, car je remarque quelques Anglais qui ont voulu faire les malins et se moquer des douaniers, en prétextant leur ignorance de la langue française. Mal leur en a pris, car on les a forcés d'ouvrir leurs malles, sacs et valises et on leur a confisqué quelques bibelots insignifiants qu'ils avaient oublié de déclarer. Ils ont voulu se rebiffer et ont voulu savoir pourquoi on les forçait, eux, d'ouvrir leurs malles, tandis qu'on laissait passer de nombreux voyageurs sans les inquiéter le moins du monde.—" C'est, répondit l'officier des douanes, parce que le public voyageur, en général, est poli et obligeant et que vous n'êtes, vous, ni l'un ni l'autre." La réponse était méritée. On ne gagne jamais rien à vouloir être insolent en pays étrangers, et c'est ce qu'apprennent à leurs dépens de nombreux individus qui croient pouvoir bousculer les employés comme ils bousculent leurs domestiques.

Nous montons dans un wagon du chemin de fer du Midi, à destination de Biarritz, qui est peut-être la plus belle et la plus fréquentée des stations balnéaires de l'Europe. Les faveurs de la cour, sous Napoléon III, contribuèrent à la faire connaître et à la rendre célèbre, et le séjour prochain qu'y fera la reine Victoria, lui a donné un regain de popularité qui fait que ses hôtels sont remplis et qu'il est très difficile d'y loger. Comme nous ne faisons qu'y passer, nous nous contentons d'une promenade sur la plage et d'une courte excursion aux points les plus intéressants des environs.

La ville de Biarritz est située à quelques minutes de Bayonne, au fond du golfe de Gascogne ou de Biscaye, dans une situation merveilleuse sous tous les rapports. La mer y a des lames puissantes et la vue, du haut des falaises, se porte de l'embouchure de l'Adour à la côte de la Biscaye avec les Pyrénées pour fond de tableau. Il n'y manque que de l'ombre. Biarritz a trois plages, celle de la Côte du Moulin dominée par le phare, avec ses pentes gazonnées et son établissement de bains construit dans le goût mauresque ; la plage protégée du Port-Vieux, anse étroite encaissée entre des rochers à pic ; et enfin l'immense plage de la Côte des Basques où la mer arrive avec toute sa violence. Le Casino est un magnifique établissement qui réunit tout le confort des plus grandes villes. La villa Eugénie, ancienne résidence impériale, ne mérite pas la réputation qu'on lui avait faite. L'église est moderne. Les maisons particulières sont généralement très coquettes et plusieurs hôtels ont été construits dans des proportions colossales.

Biarritz est une station tout-à-fait aristocratique et elle est surtout fréquentée par la haute société du Midi, par la noblesse espagnole et par les Anglais richissimes qui aiment à faire bande à part dans tous les pays qu'ils habitent. La vie y est fort chère, et en vertu du séjour prochain de la reine d'Angleterre, on a encore augmenté les prix ; ce qui, paraît il, n'empêche pas les loyaux sujets de Sa Majesté Britannique de se disputer à coups de *bank-notes*, l'honneur et le privilège de respirer le même air et de se chauffer au même soleil que leur souveraine.

Quelques minutes de chemin de fer nous conduisent à Bayonne, qui est une ville de 27,000 habitants, célèbre surtout par sa fameuse cathédrale et par sa population composée largement d'Espagnols et de Basques.

Bayonne est aussi une place forte de première classe, et sa nombreuse population peut à peine se mouvoir entre les remparts qui l'entourent ; aussi a-t-elle créé, au-delà de l'Adour, un faubourg important où se trouve la gare. A Bayonne, il n'y a plus un terrain à construire. On entre dans la ville par un pont de 200 mètres. Les rues, les places et les maisons sont, en général, fort bien tenues, et la population est des plus intéressantes à étudier en raison de ses éléments basques.

Il y a peu de monuments anciens en dehors du vieux château du XIIe siècle, avec ses tours du XVe siècle. La cathédrale St. Léon, commencée en 1213, n'est terminée que depuis peu : c'est un monument qui n'a pas son pareil dans tout le Midi : le dallage du sanctuaire en marbre bleu d'Italie est un chef-d'œuvre de mosaïque moderne ; le Trésor possède la crosse de St. François de Sales, évêque de Genève. Le vieux cloître, accolé à la cathédrale, est assez curieux. Sur la place de la cathédrale, est un petit monument érigé à la mémoire des Bayonnais tués à Paris, en 1830, avec l'inscription : *Les révolutions justes sont le châtiment des mauvais rois.* La nouvelle église St. André a deux belles flèches. Rien à dire d'un vaste édifice où se trouvent réunis l'hôtel-de-ville, le théâtre et les douanes. Le Château-Neuf, entre l'Adour et la Nive, présente un aspect imposant, et les alléesmarines, hors de la ville, le long de l'Adour, forment une belle promenade.

Bayonne qui a été assiégée quatorze fois n'a jamais été prise, et on cite surtout sa courageuse résistance à l'armée anglo-espagnole en 1814. On a inscrit sur le fronton de la citadelle construite par Vauban : *Nunquam polluta*.

Nous avions bien projeté un voyage à Pau, à Tarbes et à Bagnères, mais il fait un temps horrible et le baromètre continue à annoncer la tempête. Nous nous décidons de filer directement sur Bordeaux pour aller de là à St. Hippolyte, où nous avons laissé notre enfant, en passant par Montauban, Toulouse et Carcassonne.

Le trajet de Bayonne à Bordeaux, que nous faisons de jour, en cinq heures, est fort intéressant, car nous traversons les Landes.

"On donne ce nom, dit M. Delafontaine, dans son travail sur le *Midi de la France*, à un vaste plateau triangulaire de 50 à 60 mètres d'altitude, compris entre l'océan et les vallées de la Garonne et de l'Adour, sur une longueur de plus de 200 kil. du côté de la mer et une largeur au maximum d'environ 100 kil., formant une superficie qui dépasse 6000 kil.

carrés. Le sol s'y compose d'une couche d'environ 50 centimètres de sable et d'alios, ou détritus végétaux agglomérés par un ciment ferrugineux, qui le rendent impropre à la culture. La contrée est donc, elle était surtout avant les grandes améliorations de nos jours, aride en été et marécageuse en hiver, l'alios rendant le sol imperméable et des dunes de 60 à 90 mètres de hauteur du côté de l'océan, empêchant l'écoulement des eaux. Ces dunes envahissaient de plus le pays en s'avançant d'une vingtaine de mètres par an. Des plantations de pins maritimes, entreprises en 1786, ont arrêté cet envahissement ; la circulation des eaux a été régularisée et les forêts déjà immenses, gagnent tous les jours du terrain. Il reste toutefois encore de vastes étendues de pays presque complètement désertes, couvertes de bruyères, d'ajoncs, de fougères et de genêts, d'un aspect original, mais monotone.

"On remarquera que les troncs des pins sont sillonnés d'entailles et garnis de petits vases grossiers ; c'est pour en recueillir la résine, qui forme ici un article de commerce très important. Le pin maritime n'est cependant pas le seul arbre qui réussisse dans les

Landes ; on y plante aussi avec succès l'acacia, l'ailante, le chêne et le chêne-liège, ce dernier du côté de Bayonne."

" Les habitants des Landes ont dû adopter, pour traverser les sables et les marais, l'habitude de marcher sur des échasses de 1 mètre 50 à 2 mètres de hauteur, en s'appuyant d'une main sur une perche en guise de canne. C'était un spectacle étrange que ces gens, souvent vêtus de peaux de moutons, arpentant leur landes avec la vitesse d'un cheval au galop, ou assis sur l'extrémité de leur perche plantée en terre, et surveillant leurs troupeaux en tricotant des bas sans pieds, propres au pays. Le touriste n'en verra plus guère aujourd'hui, surtout s'il ne fait que passer en chemin de fer, car il y a moins de marais et moins de pâturages qu'autrefois et l'on a créé beaucoup de routes par toutes les Landes."

Nous arrivons à Bordeaux par une véritable tempête qui dure, nous dit-on, depuis 24 heures, et nous décidons de repartir immédiatement le lendemain matin, quittes à revenir sur Bordeaux pour rentrer à Paris par la voie d'Angoulême, Poitiers, Tours et Orléans.

Nous apprenons d'ailleurs que des tempêtes de neige ont retardé la circulation des trains dans le nord de la France, et nous voyons généralement assez de ces choses-là au Canada, sans qu'il soit nécessaire de les venir chercher en France.

TRENTE-TROISIÈME LETTRE

CARCASSONNE, 18 février 1889.

Le trajet entre Bordeaux et Cette, se fait par le chemin de fer du Midi, en dix heures et demie. On laisse à droite la ligne de Bayonne qui se dirige vers le sud, pour remonter la vallée de la Garonne, dans la direction du sud-est. On traverse les pays du vin blanc, et la première ville importante que l'on rencontre est Agen, à 136 kilomètres de Bordeaux. Ensuite, Moissac sur la rive droite du Tarn, et puis Montauban qui fut fondée en 1144, par le comte de Toulouse sur l'emplacement de *Mons Albanus*. Montauban est une ville de 28,000 habitants, qui présente peu de curiosités. On admire cependant la cathédrale qui est fort vaste ; une assez jolie tour gothique qui domine l'église ogivale de St. Jacques ; l'hôtel-de-ville qui est une grande construction de diverses époques, enfin, le pont qui semble encore ce qu'il y a de plus remarquable avec ses arches ogivales et ses piles percées de petites arcades en ogives. Ville natale d'Ingres, on a élevé un monument, dû au ciseeu d'Etex, à la gloire de ce peintre qui a légué ses collections au musée et dont on voit l'admirable tableau (1824) : *Le Vœu de Louis XIII*, dans la sacristie de la cathédrale.

En quittant Montauban, le chemin de fer continue à longer le canal latéral et on traverse une contrée fertile, mais peu intéressante, jusqu'à Toulouse, située sur la rive droite de la Garonne, au point de jonction du canal du Midi.

Toulouse est une très importante ville de 140,000 habitants, ayant de belles promenades et quelques monuments civils et religieux intéressants, mais dont les habitations en briques, à certaines rues près, offrent un coup d'œil assez triste. L'orgueil de la cité est son capitole ou hôtel-de-ville, ayant un assez grand caractère, mais dont la façade restaurée, ne date que de 125 ans. L'intérieur de cet édifice auquel on travaille toujours est plus intéressant ; surtout la *Salle du Petit Consistoire*, la *Salle des Illustres* décorée de quarante-trois bustes, et la *Salle de Clémence Isaure*, restauratrice des *Jeux Floraux*. L'Eglise Saint-Sernin (XIe au XVIe siècles) est le plus beau monument roman de la France : on y voit des détails merveilleux et sa crypte contient des reliques insignes. La cathédrale St. Etienne, a peu d'apparence extérieure, mais l'intérieur présente une singulière disposition, en ce que le chœur n'est pas dans l'axe de la nef ; il offre un assez grand intérêt par ses vitraux, ses stalles et sa grille. Les autres églises à visiter sont la Daurade ; la Dalbade (XVe siècle) et son portail ; l'église St. Nicolas et son bas-relief de *la Cène*, et l'église des Jésuites pour ses peintures. Au nombre des jardins, des places et des belles promenades, il faut citer le Grand-Rond, la place du Capitole, les allées Lafayette et la rue d'Alsace-Lorraine. Plusieurs habitations particulières des XVe et XVIe siècles sont curieuses comme l'*Hôtel d'Assezat*, le Lycée (*Hôtel Burnuy*), l'*Hôtel Duranti*, etc. Un pont monumental en pierre (XVIe siècle) conduit au malheureux faubourg St. Cyprien, où l'on voit encore voir les traces de la terrible inondation de 1875, dans laquelle périrent plus de 550 personnes sous les ruines de leurs habitations. Le musée occupe un ancien couvent d'Augustins des XIVe et XVe siècles et les collections y sont très riches ; on y distingue, parmi les tableaux, l'*Amour piqué par une abeille* et *Hercule et Diomède* par Gros, le *Martyr de St. Jean et de St. Paul*, du Guerchin, le *Miracle opéré à Toulouse par St. Antoine de Padoue*, de Van-Dyck, un *Paysage*, admirable de finesse, de Breugel de Velours, etc.

En continuant la route vers Cette, on laisse à droite les lignes de Tarbes et d'Auch et on remonte la vallée de Lhers qui suit également le canal du Midi. A Ségala on atteint la hauteur des terres et on descend dans le bassin de la Méditerranée. On passe Castelnaudary, ville de 10,000 habitants, qui a été prise, brûlée et saccagée plusieurs fois dans les guerres des Albigeois.

On arrive ensuite à Carcassonne, ville de 28,000 habitants, chef-lieu du département de l'Aude. Cette très intéressante ville est formée de deux parties : la ville neuve sur la rive gauche de l'Aude et la "Cité" sur la rive droite. La première, bien bâtie, entourée de promenades et de boulevards très ombragés et pourvue d'eau comme aucune autre ville de France, n'offre que peu d'intérêt en dehors de St. Michel, aujourd'hui cathédrale, église du XIIIe siècle, restaurée à la suite d'un incendie en 1849; de la Tour (du XVe siècle) de St-Vincent; des beaux jardins de la Préfecture; de ses rues tirées au cordeau et de la place Sainte-Cécile. Tout l'intérêt se porte sur la Cité, s'élevant sur un mamelon escarpé, et restée ce qu'elle était il y a plusieurs siècles; il n'y a pas d'autre exemple en France d'une telle réunion de constructions militaires, religieuses et civiles du moyen âge. Ses murailles ont été construites par les Visigoths, sur les fondations posées par les Romains, et ses défenses sont telles que le concevait l'art militaire au Xe siècle, avec des additions des XIIe et XIIIe siècles. On y voit une double enceinte avec une cinquantaine de tours de toutes les formes, des portes très curieuses, un château avec ses cachots, sa salle de torture, et par-dessus tout, la splendide église de St.

Nazaire, de la plus merveilleuse architecture. La restauration des fortifications par Viollet Leduc, fait de la Cité le monument le plus complet et en même temps le plus utile à l'histoire militaire de la France. Carcassonne a élevé une colonne à Riquet (1604-1680), le célèbre créateur du canal du Midi.

Je conseille vivement, aux amateurs de constructions antiques, qui visitent le midi de la France, de ne pas manquer de voir Carcassonne comme je leur ai déjà conseillé de visiter Avignon. Ce sont, pour moi, les deux villes françaises qui m'ont le plus vivement intéressé, avec leurs reliques du moyen-âge.

Entre Carcassonne et St. Hippolyte, les centres les plus importants sont Narbonne, Béziers, Cette et Montpellier, que j'ai déjà visité en novembre dernier, et dont j'ai eu occasion de parler dans mes correspondances. Nous traversons ce pays à toute vapeur, sans nous arrêter, car nous avons hâte d'aller embrasser notre enfant que nous avons confiée aux soins de monsieur et madame Chartrand. Trois jours d'arrêt à St. Hippolyte et nous reprendrons la route de Paris, en visitant, cette fois, Bordeaux, si le temps nous le permet. Car il continue de faire un temps atroce et nous venons précisément de traverser le pays qui a si cruellement souffert des inondations du mois dernier.

TRENTE-QUATRIÈME LETTRE

St. Hippolyte-du-Fort, 20 février 1889.

Rien de neuf à dire sur St. Hippolyte-du-Fort, dont j'ai parlé assez longuement dans mes lettres du mois de décembre dernier. J'ai retrouvé mon ami Chartrand et son excellente famille en parfaite santé, de même que le commandant Stoeckel, et tous les officiers de l'école militaire, dont j'avais fait la connaissance lors de mon premier séjour ici. J'ai aussi revu, avec le plus grand plaisir, M. Clauzel de St. Martin-Valogne, maire de St. Hippolyte et conseiller général du Gard qui a contribué à me faire passer une bien intéressante après-midi, en me faisant visiter en détail, l'Institution pour les sourds-muets protestants de France. Cette institution, située à St. Hippolyte, et placée sous la supervision générale de M. Clauzel, est supportée par les contributions volontaires des protestants français, qui sont très nombreux, comme on sait, dans le Gard et dans les départements voisins. Les pensionnaires de l'établissement sont relativement peu nombreux — une cinquantaine tout au plus — mais la méthode d'enseignement qu'on emploie et les résultats qu'on a obtenus m'ont intéressé au plus haut dégré. On parvient à faire parler ces pauvres déshérités de la nature, et j'ai causé — c'est le mot — avec de pauvres enfants absolument sourds-muets de naissance qui écrivaient sous la dictée de leurs professeurs des thèmes français fort difficiles et qui les lisaient ensuite à haute voix d'une manière fort intelligible. On enseigne d'abord aux élèves à nous comprendre par le mouvement des lèvres, ce qui paraît déjà fort difficile, et on arrive, par une méthode articulée, à leur fraire prendre part à la conversation. J'ai constaté, je le répète, des résultats qui m'ont absolument étonné et qui m'ont paru tellement merveilleux que j'ai demandé au professeur principal de vouloir bien me donner quelques explications détaillées sur la méthode que l'on suit avec un si brillant succès.

—La méthode d'enseignement employée dans notre maison, m'a dit le professeur, est la méthode articulée, appelée faussement : "*méthode allemande.*" Je dis faussement appelée allemande, car il ne serait que juste de l'appeler "*méthode française*" puisqu'il est aujourd'hui avéré que bien longtemps avant d'être employée en Allemagne, elle était pratiquée en France. C'est en effet Jacob Rodrigues Péreire qui, vers l'année 1734, trouva la méthode articulée pour l'enseignement des sourds-muets.

Les divers rapports qu'il adressa à l'académie de Caën en font foi. D'ailleurs les nombreux succès qu'il obtint avec ses élèves *Aaron Beaumarin, Azy d'Etavigny, Sabouroux de Fontenay*, etc., témoignent de l'excellence de sa méthode, et l'abbé de l'Epée, l'inventeur des signes des sourds-muets, reconnaît les grands avantages de la méthode articulée, quand il dit quelque part dans ses mémoires : " J'emploie la méthode des signes pour instruire mes élèves sourds-muets, parce que cette méthode, avec les moyens dont je dispose, me permet d'en instruire un plus grand nombre. En effet l'enseignement des sourds-muets étant pendant longtemps personnel, si j'ai 60 élèves, et que je leur consacre seulement cinq minutes à chacun, cela fait cinq heures de leçon ; et qu'est-ce que cela cinq minutes de leçon par élève ? "

D'après cette citation, l'abbé de l'Epée ne se faisait aucune illusion sur les désavantages de sa méthode, la méthode des signes ; et, s'il renonça à la méthode articulée qui permet au sourd-muet de se mettre plus facilement en rapport avec la société, ce ne fut que dans un but louable, dans le seul but de pouvoir instruire un plus grand nombre de sourds-muets.

Les successeurs de l'abbé de l'Epée se servirent exclusivement de la méthode des signes, qui fut dès lors appelée *méthode française*, et de la sorte la méthode articulée tomba dans l'oubli.

Heureusement qu'un homme, au cœur sympathique et généreux, et aussi modeste que distingué, vint la tirer de l'oubli en fondant au commencement de l'année 1857, à St. Hippolyte-du-Fort, un établissement protestant de charité, destiné à recevoir des sourds-muets pour être instruits par la méthode orale pure.

Le fondateur de notre établissement dont la piété égalait le dévouement pour les pauvres sourds-muets déshérités par la nature, s'appelait Kilian.

J'ajouterais, comme renseignements particuliers, que notre établissement s'occupait jadis des aveugles, et que ce n'est que depuis 1870 qu'il n'y a que des sourds-muets.

Il y a actuellement 26 sourds muets et 19 sourdes-muettes. Nos élèves garçons apprennent les métiers de cordonniers, de relieurs, d'agriculteurs et de boulangers.

Voici maintenant un aperçu théorique de la méthode que nous employons dans notre établissement.

Quand un jeune sourd-muet entre dans notre établissement, il arrive souvent, pour ne pas dire toujours, que les premiers jours qu'il passe au milieu de nous lui sont pénibles. Comment en serait-il autrement ? Transporté du sein de sa famille, dans un milieu où il ne voit que des figures inconnues, il se trouve isolé, et par suite souvent maussade et boudeur, parce qu'il n'a pas confiance en ceux qui l'entourent.

Vouloir l'appliquer immédiatement à l'étude de la parole serait prématuré et nous n'arriverions, le plus souvent, qu'à lui rendre l'enseignement odieux. Nous l'occupons alors à une série d'exercices propres tout à la fois à le récréer et à déterminer en lui l'esprit d'imitation. Captiver son attention, tel est notre premier devoir.

Pour arriver à ce résultat nous employons beaucoup de moyens. Un bonbon, par exemple, donné au plus taciturne, déridera souvent son front et lui montrera que nous l'aimons. Etant alors un peu plus familiers avec lui, nous essayerons de l'amuser en le faisant mirer dans une glace, ou en lui faisant faire quelques exercices de gymnastique scolaire tels que :

1° Flexion des bras en deux et trois temps de haut en bas et de bas en haut ;

2° Flexion des bras en arrière et en avant ;

3° Flexion du bras droit ou gauche de haut en bas (en deux ou trois temps) ;

4° Flexion alternativement du bras droit et du bras gauche de haut en bas, etc.

Lorsque parmi les exercices précédents ou des semblables, l'attention du jeune sourd-muet paraît suffisamment éveillée, c'est-à-dire qu'il imite bien, nous abordons l'étude de la parole.

Pour cette seconde partie de l'enseignement, nous nous ingénions encore à le distraire et à écarter la monotonie et l'ennui, ces deux mortels ennemis du progrès.

Comme premier exercice de la parole, nous apprenons à notre jeune sourd-muet à respirer. Nous entreprenons alors une étude très importante et de l'exécution de laquelle dépend beaucoup le son de voix de notre élève. Suivant, en effet, que cet exercice sera bien ou mal fait, le jeune sourd-muet aura une voix claire, nasillarde ou gutturale très prononcée. Le devoir du professeur à ce moment-là est donc d'y apporter tous ses soins.

Voici en quoi consiste l'étude de la respiration.

1° Nous faisons d'abord expirer l'air emmagasiné dans les poumons en soufflant, par exemple, sur une bougie.

2° Nous faisons ensuite inspirer de l'air (ici nous employons divers procédés pour faire comprendre cet exercice à nos élèves) et le faisons aussitôt expirer.

3° Nous faisons ensuite un troisième exercice qui consiste à expirer de l'air et à le rejeter par le nez, ou vice-versa.

Quand notre élève connaît suffisamment l'étude de la respiration, nous lui apprenons les lettres les plus faciles à prononcer, telles que P. T. D .F. V., etc., qui constituent le premier groupe de lettres. Après cela nous leur apprenons le deuxième groupe de lettres ou les voyelles. Désormais nous pouvons former des syllabes comme *pa po*, etc., et bientôt des mots comme *papa*, *pot*, etc.

Pour amuser notre élève, nous lui montrons un album fait par nous-mêmes, où sont des gravures en couleurs représentant les choses les plus usuelles dont le nom est écrit dessous. Faisant ensuite lire le nom à notre élève, il apprend à articuler tout en se rendant compte à quoi correspond le mot qu'il vient de prononcer. Immédiatement après, il va écrire au tableau le mot que le professeur lui a appris et de la sorte il apprend à connaître le nom des objets et à l'écrire.

Au bout de deux ans, notre élève connaît 700 ou 800 mots et les objets qu'ils représentent. Notre élève sait alors lire toutes les syllabes, et nous pouvons commencer l'étude de la phrase.

Nous lui apprenons la couleur des objets, leurs qualités et nous continuons par l'étude des verbes neutres et actifs.

Après cela vient l'étude de l'analyse des objets, de la matière dont ils sont fabriqués, de celui qui les fabrique et du lieu où ils se trouvent.

Nous pouvons apprendre ensuite à notre élève les pronoms personnels et les adjectifs possessifs démonstratifs, puis les pronoms possessifs démonstratifs.

Désormais l'instruction de notre élève est relativement facile et nous suivons une marche analogue à celle qu'on suit pour les entendants.

Voilà, en résumé, ce que m'a dit le professeur et ce qu'il a illustré par des exercices avec ses élèves. J'avoue qu'il me fit marcher d'étonnements en étonnements et nous terminâmes notre visite dans l'atelier de reliure, où l'ouvrier qui est sourd-muet nous apprit dans un langage parfaitement intelligible, que non seulement il exécutait les travaux les plus difficiles de reliure, mais qu'il était chargé en plus de faire les courses en ville et de faire les collections et les achats pour l'établissement.

Il était la preuve vivante de l'excellence du

système suivi, et j'ai cru intéresser les lecteurs de *La Patrie* en leur faisant part des choses intéressantes dont je venais d'être témoin.

TRENTE-CINQUIÈME LETTRE

Bordeaux, 23 février 1889.

Nous avons pu visiter Bordeaux, cette fois, grâce à deux beaux jours de printemps qui, paraît-il, ont été absolument exceptionnels, pendant le mois de février. Partout, dans le midi de la France, on s'est plaint de tempêtes de vent, de pluie et de neige en certains endroits. Nous sommes donc doublement heureux de l'éclaicie qui s'est produite et nous en avons profité pour admirer une des premières villes de France, non seulement par ses dimensions et sa population, mais encore par son commerce, par son site magnifique et par son aspect grandiose.

Bordeaux était déjà une des principales villes des Gaules, sous les Romains. Elle possède aujourd'hui une population de 222,000 habitants, et elle occupe sur la rive gauche de la Garonne, une longueur de six kilomètres. Ses quais offrent une animation extraordinaire en raison du nombre considérable de navires qui y apportent ou y prennent des marchandises. Il y a beaucoup à voir à Bordeaux, mais on peut le faire rapidement, grâce à un excellent service de voitures publiques. Les deux "merveilles" de la ville sont le pont de dix-sept arches, sinon le plus long (486 mètres sur 25) au moins un des plus beaux du monde et qui a coûté trois millions. Les beaux quartiers sont bâtis avec un grand luxe, et plusieurs rues et cours sont bordées de maisons à façades monumentales. Le nombre des édifices religieux classés comme monuments historiques est considérable : St. Seurin, la plus ancienne église de Bordeaux, dont la crypte renferme le cénotaphe de St. Fort, œuvre délicate de la Renaissance ; l'église romane de Sainte-Croix (Xe et XIIe siècles) dont le portail est intéressant; l'église ogivale de St. Michèl, du XIIe siècle avec des additions des XVe et XVIe siècles (ses cavaux ont la propriété de conserver intacts les cadavres), dont les trois portails et l'intérieur méritent l'attention et dont la tour isolée porte une flèche s'élevant à 107 mètres; la cathédrale de St. André, (XIe siècle), remarquable par la hardiesse et l'élévation de sa nef, ses précieux ornements de style gothique, ses deux flèches aériennes du portail du nord, ses beaux bas-reliefs Renaissance, son tombeau du cardinal de Chéverus (1768-1836), son beau Christ en ivoire et quelques tableaux de grands maîtres; la chapelle du Lycée (ancienne église des Feuillants), les églises Ste. Eulalie, St. Pierre, St. Bruno, (tableaux et fresques), et enfin le clocher Pey-Berland, près de la cathédrale, bâti en 1440, racheté par l'Etat en 1850, restauré et surmonté d'une statue dorée colossale de la Vierge et contenant le bourdon (11,000 kilogrammes) de la cathédrale.

La seule antiquité est le palais Gallien, (monument historique du IIIe siècle) amphithéâtre qui pouvait contenir 25,000 spectateurs et dont il ne reste que des débris. La préfecture a de grandes dimensions. La mairie est installée dans l'ancien archevêché, bâti de 1770 à 1781 pour Mgr de Rohan, bien restauré depuis un incendie en 1862. Le palais de justice a coûté près de deux millions (1839-1846). On peut encore citer la bourse, la douane, la porte du Palais avec ses deux tours, la porte de l'hôtel-de-ville, l'hôpital St. André. Au musée, la galerie des tableaux est assez belle : *Vénus et Adonis* de l'Albane, *Neptune* d'Annibal Carrache, etc., Mentionnons aussi la bibliothèque de 45,000 ouvrages parmi lesquels un précieux exemplaire des *Essais* de Montaigne (1588) couvert de notes et de corrections de l'auteur. Le tombeau de ce célèbre écrivain a été placé dans l'édifice des Facultés. Les promenades sont nombreuses ; quelques-unes sont même célèbres, comme les Quais, les Quinconces (sur l'emplacement de l'ancien Château-Trompette), avec leurs deux colonnes rostrales, les allées de Tourny, le jardin public et le parc bordelais, inauguré en 1888. Le port de Bordeaux, le troisième de la France, pour le mouvement des navires, et le quatrième pour l'importance des échanges, peut contenir de 1,000 à 1,200 navires, et il y entre des bâtiments de 2,000 à 2,500 tonneaux. La gare d'Orléans (la Bastide) communique avec celle du Midi (St. Jean) par un magnifique pont en fer, construit en 1860, et qui a coûté 3,600,000 francs. Avant d'arriver à Bordeaux, on voit le beau pont de Cubzac, dont la longueur, y compris celle des ouvrages qui en dépendent, est de 1,545 mètres. Une des plus récentes curiosités est le *salon cosmopolite* de l'hôtel de Nantes.

A propos d'hôtel, nous devons dire que Bordeaux n'est pas aussi bien partagé, à cet égard, que les autres villes de France de son importance. On paie fort cher pour être médiocrement installé ; les prix sont aussi élevés que dans les meilleures hôtels de Paris, mais c'est à peu près la seule comparaison que l'on puisse faire entre les établissements des deux villes. Cela nous a d'autant plus étonnés que Bordeaux est, sans contredit, une des plus belles et des plus intéressantes villes de France. Le port a beaucoup de points de ressemblance avec celui de Montréal, et de la fenêtre de ma chambre, où j'écris ces lignes, j'aperçois un groupement de navires et de steamers que l'on croirait amarrés, à s'y méprendre, aux quais de la métropole commerciale du Canada.

Nous reprenons la route de Paris, pour

nous y arrêter un mois encore avant de nous embarquer pour le Canada.

PARIS, 26 février.

Après avoir passé Angoulême et Poitiers à toute vapeur, nous avons résolu de faire étape à Tours, dans le double but de visiter la célèbre capitale de la Touraine et de nous reposer un peu des fatigues du voyage. J'avoue que cette course à toute vapeur à travers les pays du midi de l'Europe et du nord de l'Afrique, a fini par nous lasser un peu, et nous commençons à constater la décroissance de la vigueur et de l'enthousiasme des premiers jours.

Tours est une ville de 53,000 habitants, située sur la rive gauche de la Loire, et au milieu d'un pays que l'on a appelé à juste titre : *le jardin de la France.*

L'aspect général de la ville de Tours est assez monumental ; elle possède de beaux boulevards, quelques jolies places et une rue principale qui la traverse dans toute sa largeur pour aboutir à un magnifique pont de 434 mètres. La cathédrale St. Gatien est d'un caractère plus gracieux qu'imposant et de styles assez divers ; les verrières du chœur sont assez belles, et l'on y voit aussi de curieux mausolées. Il ne reste que deux tours de la célèbre collégiale de St. Martin : la tour Charlemagne et la tour St. Martin où fut retrouvé, en 1860, le tombeau de ce saint, objet de nombreux pélerinages et où l'on va élever une somptueuse basilique. St. Julien est un monument gothique du XIIIe siècle, avec une tour du Xe. Les édifices civils offrent peu d'intérêt : le plus moderne, le théâtre, a un assez beau caractère; le palais de justice, avec son pénitencier cellulaire, et la gare sont les plus saillants. On voit encore d'anciennes habitations : l'*Hôtel Gouin* (1440), la *Maison de Tristan l'Ermite*, et la belle fontaine Renaissance (1510) du grand marché. La bibliothèque renferme plus de 55,000 volumes : un *Evangile* du VIIIe siècle, les *Heures de Charles V*, les *Heures d'Anne de Bretagne*, un Tite-Live du XVe siècle, etc., et plusieurs milliers de manuscrits. Tours possède une industrie assez active de soieries pour voitures, galons, tapis, chaussures et la grande et célèbre imprimerie Mame. Cette ville a donné le jour au typographe Nicolas Jeanson (XVe siècle), et à Honoré de Balzac. Son siège épiscopal a été illustré par St. Grégoire de Tours.

Le nombre des excursions à faire dans le rayon de la ville est considérable. La principale est celle du château de Chenonceaux, à 34 kilomètres, dont la réputation est européenne, et qui rappelle les grands souvenirs de la Renaissance, François Ier, Henri II, Diane de Poitiers et de Catherine de Médicis, qui l'acheva et y entassa les chefs-d'œuvre de l'Italie. On sait que ce monument historique vient d'être vendu aux enchères après avoir appartenu à madame Pelouze, sœur du fameux Daniel Wilson, gendre de M. Jules Grévy.

On voit aussi aux environs de Tours, les ruines du château de Plessis-lez-Tours, où mourut Louis XI ; les ruines de l'abbaye fortifiée de Marmoutier et les grottes de St. Martin. Enfin, parmi les plus célèbres châteaux à visiter dans cette contrée, nous citerons celui d'Azay-le-Rideau (Renaissance) ; les restes du château de Chinon, où Jeanne d'Arc vint rendre l'espoir à Charles VII ; les ruines du château de Loches. On fait aussi d'intéressantes excursions à Luynes et à Cinq-Mars-la-Pile.

Le peu de temps que nous avions à notre disposition ne nous a pas permis de faire toutes ces excursions et nous l'avons vivement regretté. La saison, d'ailleurs, ne s'y prêtait guère et nous sommes rentrés à Paris, après avoir traversé Orléans sans nous y arrêter.

TRENTE-SIXIÈME LETTRE

Paris, 4 mars 1889.

Nous sommes arrivés à Paris en pleine crise ministérielle et le télégraphe a depuis longtemps appris aux lecteurs de *La Patrie* la formation du nouveau ministère. Je n'ai pas à m'occuper ici de politique, car mon absence de trois mois m'a naturellement placé en dehors du mouvement qui me paraît d'ailleurs assez compliqué. J'avoue que la nouvelle qui m'a le plus vivement intéressé en rentrant dans Paris, m'a été communiquée par une lettre de

M. le comte d'Ormesson, directeur du protocole au ministère des Affaires Etrangères, m'annonçant que par décrêt du 21 février, il avait plu au président de la République de me nommer officier de la Légion d'Honneur. J'étais chevalier depuis 1885, et cette promotion, je le reconnais bien sincèrement, m'a fait le plus vif plaisir.

Il nous reste trois semaines de séjour à Paris, et comme nous partirons avant l'ouverture de l'Exposition, j'ai voulu visiter les chantiers et les terrains afin de me rendre compte par moi-même, des préparatifs qui avancent avec la plus grande rapidité. Tout sera prêt pour l'ouverture officielle qui doit avoir lieu dans la première semaine de mai. La seule chose qui m'agace et qui m'humilie, comme Canadien, c'est de voir que notre gouvernement, pour singer les monarchies européennes, s'est abstenu de prendre part à cette grande lutte industrielle ; et cela, pour faire plaisir à quelques réactionnaires encroutés dont il s'agit de ménager les *susceptibilités électorales*.

Oh ! les nécessités de la politique ! Si encore les bassesses que nos gouvernants sont forcés de faire pour ménager ces gens-là restaient ignorées au fond du Canada, nous n'aurions pas à rougir d'avouer les véritables raisons qui empêchent les gouvernements d'Ottawa et de Québec, de prendre part à l'Exposition. Un fait pour bien faire comprendre la situation. Notre sculpteur, Philippe Hébert, vient de terminer ici un superbe groupe destiné à la façade du parlement de Québec. Son œuvre a été admirée par des hommes comme Bartholdi, Roty et par tous ceux qui ont eu l'avantage de visiter l'atelier de notre compatriote. Hébert veut exposer son œuvre et entrer en compétition avec les autres artistes qui arrivent en foule de tous les pays du monde, excepté du Canada et de l'Allemagne. Il n'y avait encore que la section anglaise où Hébert pouvait demander l'espace nécessaire. Eh bien ! on lui a répondu qu'il n'y avait pas de place pour des statues canadiennes. L'affaire en est restée là ; et à moins que les Anlais, *par charité,* ne reviennent sur leur décision et n'admettent le groupe de notre vaillant artiste, il se verra dans la nécessité, s'il veut exposer, d'aller mendier un petit coin, quelque part, dans une section étrangère. Est-ce assez humiliant ? Et il faut être sur les lieux et avoir à répondre à ceux qui vous demandent pourquoi le Canada ne prend pas part à l'Exposition pour bien comprendre le ridicule qui rejaillit sur notre pays, par la criminelle et absurde négligence de ceux qui sont chargés de le faire respecter à l'étranger.

J'ai visité les chantiers en compagnie d'un journaliste anglais, rédacteur à la *Pall Mall Gazette*, de Londres, et afin qu'on ne m'accuse pas d'exagération, je vais citer son opinion qui coïncide absolument avec la mienne.

Les Anglais, bons juges en la matière et qui ne passent point pour s'échauffer plus que de raison sur les chefs-d'œuvre de leurs voisins, mettent de côté tout amour-propre national et déclarent "qu'elle sera la plus colossale et la plus extraordinaire Exposition que l'univers ait jamais vue."

Je cite textuellement une partie de l'article du *Pall Mall Gazette :*

> Les Français aiment à faire grand et ils sont en train de prouver une fois de plus qu'ils s'y entendent. Leur Exposition du centenaire de 1789, comparée surtout aux misérables déballages que nous avons l'habitude de voir à Kensington, est déjà absolument stupéfiante. Ni les peines, ni l'argent n'ont été ménagés. Rien de mesquin n'afflige le regard. Jusque dans la plus petite charpente de fer, le sentiment artistique et le goût éclatent. Le résultat est de nature à démontrer à l'univers que la France est toujours la plus laborieuse et la plus artiste

des nations, et qu'une fois résolue à faire une chose, elle sait s'y mettre corps et âme. Si les nuages dont l'horizon politique reste chargé n'éclatent pas en orage, l'Exposition va attirer à Paris la moitié du monde civilisé.

Il détaille les multiples attractions de cette pacifique entreprise : la tour Eiffel avec son merveilleux éclairage électrique égrené en étoiles sur toute sa hauteur et inondant de lappes lumineuses la vallée de la Seine ; les palais, celui de la guerre, d'une architecture si imposante ; la si belle exposition coloniale ; l'étonnante "galerie des contrées du soleil" qui est une page des Mille et une Nuits.
Mais le rédacteur du *Pall Mall Gazette* est surtout saisi d'admiration en présence des robustes splendeurs de la galerie de machines. C'est devant ce palais extraordinaire "plus extraordinaire encore que la tour Eiffel," dit-il, que son admiration atteint son point culminant. Il décrit avec une complaisance ravie ce vaisseau de fer, d'une conception si hardie, le plus vaste qui soit au monde, où le Colisée danserait et auprès duquel le cirque d'Olympie serait un jouet d'enfant. Il ne peut pas s'imaginer qu'après l'Exposition cette merveille sera détruite ; oubliant que le champ de Mars est réservé à des manœuvres mili-

taires, il voudrait que l'on conservât cette galerie sans précédent pour en faire un manège ou — comme c'est bien un Anglais qui parle ! — un champ de course couvert.

Il dit encore : " Il faut avoir visité tout récemment les travaux pour se rendre compte de la rapidité vertigineuse avec laquelle ils avancent et pour se faire une idée de cette ampleur sans égale et comme conception et comme exécution." Cette " rapidité vertigineuse " échappe à l'œil du badaud. L'ouvrier est perdu dans ce chantier géant. On en aperçoit un, par-ci, par-là, allant son train, sans fièvre ni hâte, et l'on en rapporte cette impression que l'ouvrier ne fait rien et que l'on ne travaille pas. Cependant l'Exposition sort de terre ; elle est achevée la tour dont le projet eût effrayé un cyclope ! Les différents palais sont presque terminés, les galeries sont couvertes et décorées, la plupart des vitrines sont en place, le hall des machines est à demi agencé. Comme ce n'est pas à la baguette d'une fée que nous sommes redevables de ces merveilles enfantées en quelques mois, il faut bien croire que les ouvriers ont fait leur besogne et avec activité.

On ne travaille pas seulement que le jour

au champ de Mars, on s'est piqué d'honneur et, en dépit de la tradition qui veut qu'une Exposition s'ouvre dans les plâtres, on s'entête à être prêt à la date fixée – et l'on sera prêt. Pour atteindre ce résultat, il faut supprimer la nuit. N'est-ce que cela ? on la supprime. " O soleil ! disait Josué, qui avait besoin de continuer son affaire, arrête-toi sur la vallée de Gabalon, et toi, lune, sur la vallée d'Aïalon !". Et le soleil et la lune s'arrêtèrent.

Mais depuis, le soleil est devenu immobile et il faut recourir à d'autres lampes, passé le crépuscule. Ce n'est pas l'embarras : on a installé des foyers électriques à peu près partout. A leur lumière, besognent des équipes de sculpteurs, de serruriers, de charpentiers, de mouleurs, de plombiers, de peintres. Le centre de l'activité est dans la galerie des machines, que traverse déjà le chemin de fer Decauville, dont on presse l'installation, puisqu'il doit servir au transport des wagons chargés d'amener dans leurs sections respectives toutes les pièces envoyées à l'Exposition.

Il faut se hâter ; les expéditions arrivent. Sur l'esplanade des Invalides on a déjà déchargé plusieurs camions d'envois adressés aux sections du Cambodge, du Tonquin, de l'Algérie. Ils sont composés en moyenne partie de bois ouvrés ou de pièces décoratives, destinées aux constructions qui serviront à donner une idée de la main-d'œuvre locale. Les tableaux affluent à la section des beaux arts. Les Américains, qui ne sont jamais en retard, ont commencé l'envoi de leurs produits, attendant pour être déchargés que les ouvriers du bâtiment aient quitté la place. Il n'est pas de coin où ne s'empilent des caisses expédiées par des exposants jaloux de ne point manquer l'ouverture.

Jusqu'au dehors, se trahit cette activité, cette ardeur. Des camions traversent les rues portant chez des dépositaires les colis soigneusement faits, timbrés de l'étiquette multicolore du commissariat général.

En dépit des pronostics fâcheux, répandus par les aveugles de la passion politique, l'Exposition du Centenaire sera ouverte au jour fixé, et elle fera l'étonnement du monde. Et les Anglais sont les premiers à convenir que de pareille, jusqu'à présent, ils n'en n'ont jamais eue en Angleterre ?

Et je le répète, le Canada disputera seul à

l'Allemagne l'honneur de briller par son absence.

Heureusement qu'il va venir des milliers de Canadiens pour admirer l'Exposition et que ces gens-là seront assez humiliés par l'abstention de leur pays, pour juger à leur juste valeur, les hommes qui, par leur coupable ignorance, auront été les causes directes d'une abstention que l'on peut qualifier de criminelle au double point de vue de la réputation nationale et de nos intérêts industriels.

FIN

www.ingramcontent.com/pod-product-compliance
Lightning Source LLC
Chambersburg PA
CBHW070852170426
43202CB00012B/2044